# 慶應三田会の人脈と実力



田中幾太郎

宝島社新書

# まえがき

「同窓会であって同窓会でない」

こう表現したのは、各組織を取りまとめる慶應連合三田会の役員だ。各大学の同窓会の中で、あらゆる面から最強といわれる慶應義塾の「三田会」は、単なる親睦会とはまったく別の性格を持った組織である。

現在、全上場企業の10社に1社は慶應出身の社長で占められ、その数は二番手の東大や三番手の早稲田を大きく引き離している。しかも、有力企業の多くには三田会が組織され、強い結束力を誇っている。それは現役の社員のみならず、予備軍の慶大生まで囲い込みネットワークを構築。就職戦線をも左右している。

その影響力はひとつの企業内にとどまらず、横断的に及ぶことも多い。時には企業の連携や業界再編を後押しするケースもある。

２０１５年に経営統合した肥後銀行と鹿児島銀行は、頭取が同じ「年度三田会」に所属し、深い話ができる関係にあった。地元財界とのいろいろなしがらみがあり、こうした県のトップ地銀同士がジョイントすること自体、非常に珍しいのに、三田会の結束力は強固に見えた壁をいとも簡単に突破してしまうのだ。

さらに、三田会は驚くような人事まで演出する。ローソンの社長だった新浪剛史《にいなみたけし》は、企業再生事業会社リヴァンプの代表だった玉塚元一を三田会つながりでスカウト。玉塚をローソンの社長に据えると、新浪はサントリーの創業家出身のトップ・佐治信忠《のぶただ》にやはり三田会のコネクションによってヘッドハンティングされてしまうのだ。恐るべき三田会ネットワークである。

日本の経済界を動かしているといっても過言ではない三田会だが、それは国内だけにとどまらない。「３人寄れば三田会」という言葉があるが、まさに世界各地に組織され、すべての大陸に計67もの地域三田会を結成。他国との友好にも一役買う存在になっている。なぜ、三田会がここまでの力を持つようになったのか。それを解明するのがこの本の狙いである。

ＯＢたちが「我々が慶應である」と強い自負を持つ慶應義塾幼稚舎の謎にも迫りながら、

三田会の強さの秘密をひとつひとつ解き明かしていきたい。
なお、文中で登場する人物に関しては敬称略とした。

田中幾太郎

# 目次

## 第3章　秘密結社としての三田会　79

# 第1章　三田会とは何か

## 1 全上場企業10社に1社は慶應出身の社長

「慶應には量でも質でも負けます。完敗です」と笑いながらも、どこか悔しさを滲《にじ》ませるのは早稲田出身の流通大手経営者。同校の同窓会組織「稲門会」で代議員を務める人物だ。

近年、メディアで持てはやされるのは慶應ばかりと嘆く。

「ビジネス雑誌や週刊誌で、やたらと慶應を取り上げている。財界の盟主と持ち上げ、早稲田や東大を圧倒しているという書き方です。そういうことは気にしないのがワセダマン（昭和時代の呼称。今はあまり使わないらしい）なんですが、財界の集まりなんかに出ると、慶應の快進撃がけっこう話題になるので、あまり愉快な気分になれないんです」

量と質で負けるとは、どういうことなのだろうか。こうした記事でよく使われるのが社長人数の比較だ。全上場企業3539社（2017年1月16日現在）中、慶應が350人台、東大220人台、早稲田210人台というのが最近の数字。各社が株主総会を迎えるたびに変動するので正確ではないが、上場企業の10社に1社は慶應出身の社長が占めていることになる。「スポーツならともかく、財界関係のことで早稲田を意識することはない」

と話すのは、慶應の各同窓会組織「三田会」を取りまとめる「慶應連合三田会」の役員だ。「気になるのは東大ですね。上場企業社長数は1998年まで東大の天下でしたから。1999年に慶應が追い越し、以降はずっとトップを守っています。その間、東大と早稲田の順位が入れ替わることはありましたが、とりあえずどちらも慶應の座を脅かすほどの追い上げはなかった。今後もし、我が方が抜かれるとしたら、やはり底力のある東大でしょう。とはいえ、今のところだいぶ差があるので、高みの見物といったところです」と胸を張る。

人数だけでなく、質でも慶應は早稲田を凌駕《りょうが》している。2016年夏、帝国データバンクが注目すべき調査結果を発表した。同年7月時点の株式会社および有限会社115万3907社の社長の出身大学や、それにまつわるデータを抽出し、早慶を比較しているのだ。ちなみに社長数のトップは日本大学。慶應は第2位で1万1392社。第3位の早稲田は1万7789社だった。

社長数では両校に大きな差は見られなかったが、興味深いのはその内容である。創業から50~100年未満の企業は早稲田3499社に対し、慶應は4261社。100年以上の老舗企業になると、早稲田561社に対し、慶應は倍近くの1008社。年間の売上高が10億円以上の企業は早稲田が2724社、慶應が3745社と1000社以上も上回り、慶應出身の社長のいる企業のほうが規模が大きいところが目立った。

さらに注目されるのは、社長就任の経緯の比較。社長が創業者のケースは早稲田が30・3%、慶應が21・2%。同族継承は早稲田の42・4%に対し、慶應は54・2%と過半数を占めていた。これらのデータから、慶應に「老舗企業の跡取り」がかなり多いことがわかる。まさに、世間が慶應ボーイ・ガールに持つ「いいとこのお坊ちゃま、ご令嬢」というイメージが実証された格好だ。

今も一線で活躍する経営者で、そうした慶應ボーイを体現しているとなると、誰が思い浮かぶだろうか。創業100年以上の老舗企業の跡取りで現役社長という条件に完全に合致するわけではないが、真っ先に名前が挙がるのは、トヨタ自動車社長の豊田章男《あきお》（1979年法学部卒）とサントリーホールディングス会長の佐治信忠（1968年経済学部卒）の2人だ。

トヨタ自動車が創業したのは1937年。その源流の豊田自動織機製作所が設立されたのも1926年だから、残念ながらまだ創業100年は経っていないが、豊田章男が〝いいとこのお坊ちゃま社長〟の代表格であることに異論を挟む人はいないだろう。

佐治の場合、サントリーの源流企業の鳥井商店が創業したのが１８９９年であり、老舗の条件は満たしているが、２０１４年10月に会長に就任し、社長ポストをローソン会長だった新浪剛史（１９８１年経済学部卒）に譲ってしまった。〝今も一線で活躍〟している条件を満たしていないが、いずれにしろ、豊田と佐治は日本でもっとも成功した同族企業の御曹司であり、いかにも慶應らしい毛並みの良さを感じさせる。

だが、この２人をピックアップして論じても、20世紀から21世紀に変わる前後から慶應が財界で躍進した説明にはならないだろう。彼らは他の大学に行っていても、同じポジションを得ていたに違いないからだ。さらにいえば、慶應義塾高校からの持ち上がり組の豊田はともかく、佐治は関西有数の進学校の甲陽学院高校から受験して慶應に進んでいる。慶應ボーイというよりも〝商家のぼん〟といったイメージが強い。

ただし、実際に慶應に深く入り込んでいるのは佐治のほうだ。慶應の最高意思決定機関「評議員会」の評議員と、実際の運営を担う理事会の理事の両方に名を列《つら》ねている。一方、豊田はどちらにも就いておらず、慶應関係の活動には消極的だ。意識的に一定の距離を置いているようである。

佐治がもっとも大事にしているのは三田会とのかかわりだろう。これがまさに、慶應人脈を形成するのにもっとも重要な機関だからだ。毎年秋、連合三田会大会が日吉キャンパスで開かれ、卒業10年、20年、30年、40年の塾員（卒業生。現役の学生は塾生と呼ぶ）たちがその年の大会運営を任せられる。実行委員長は卒業40年の塾員が務めることになっていて、2008年大会は佐治が担当した。1968年卒の中で慶應への貢献度がもっとも高く、人望もあった佐治が選ばれたのだった。

「こちらでもほぼ同時期に稲門祭をやっていますが、所詮は三田会のものまね」と自虐的に語るのは前出の早稲田出身の経営者。

「あちらは毎年2万人を集めているそうですが、こちらはせいぜい8000～9000人。それもホームカミングデーも一緒にやっての結果ですからね。群れるのがあまり好きでないワセダマンらしいともいえるんですが、それにしては向こうをえらく意識している。稲門会の支部のつくり方も職域別、地域別、年次別……など、ほぼ三田会と一緒ですが、借り物にすぎない。これでは結束力など生まれようがなく、財界におけるキャパシティでも、どんどん差がつけられる結果になっているんです」

## 就職活動でも三田会が威力を発揮

稲門会にも長くかかわるこの早稲田出身の経営者は「稲門会と三田会ではレベルがあまりに違いすぎる。こっちは単なる同窓会。かつての仲間と昔を懐かしみ合うだけだが、向こうは互助会的な役割も果たしながら、今にとどまらず、将来に向けて組織づくりに励んでいる」と分析する。三田会は結束力を強めるために、まだ会員になっていない塾生にも、さまざまな働きかけをする。特に、そうした動きは就職活動の時期に活発になる。以下は、投資系のベンチャー企業の代表にインタビューした際、余談で聞いた話である。

1989年、経済学部4年の夏、所属していたサークルのOBから、証券会社準大手の会社説明会に顔を出してほしいと言われた。当時はバブルの真っ只中。就職戦線は完全な売り手市場で、大学さえ出ていれば、誰でもどこかには入社できた時代である。

その証券会社を訪れ、受付で学校名と氏名を伝えると、案内係に誘導され、他の学生たちが待っている会社説明会場を素通りして、エレベーターで別の階に連れていかれ、応接室にひとり通された。マホガニーの大きな机がある部屋だった。そこで待っていた40代半ばの男性に、いきなり握手を求められた。相手は同じ慶應経済学部の卒業生で、人事担当だと名乗り、その証券会社の企業内三田会で世話役をやっているという。そして、「僕と一緒に仕事をしよう」と熱く語りかけてきた。

以降もたびたび、その人事担当者から連絡があり、食事をご馳走になったこともあった。他にも複数の企業から内定をもらっていたが、結局、「将来の幹部候補」と持ち上げる担当者に押し切られる形で就職。しかし、入社してまもなくバブルが崩壊し、リストラの嵐が吹き荒れることになった。意にそぐわない部署に回され退社したが、再就職先も見つからず、自身で起業。成功を収めた。なお、その証券会社は別の証券大手に吸収され、従来あった企業内三田会は自然消滅した。

このケースは本人にとってはもちろん、三田会にとっても組織拡充にはつながらず、双方にメリットがなかったわけだが、逆のケースもある。というより、塾生・塾員、三田会が相互にメリットを得るケースのほうが圧倒的に多いのだ。そうした例も見ておこう。

「三田会のバックアップがなければ、就職留年していた」と話すのは2003年3月に法学部を卒業したK氏。3年生の冬から就職活動を開始。2002年4月からは希望していた総合商社の面接や就職試験に次々に臨んだが、内定がまったくとれず、いつのまにか4年生の夏も終わろうとしていた。

バブル崩壊後、日本は未曽有の就職難時代に突入する。1993年から2005年までを就職氷河期と呼ぶが、特に2003年は最悪の年だった。大卒の就職率は55・1％と過去最低を記録していた。卒業を引き延ばす留年が増えたのもこの頃。「学生たちは就職がなかなか決まらず、4年生をもう一度やるか、大学院に進むかで悩むような時代でした」と慶應の文科系の教授は振り返る。さてK氏だが、就職先のランクを落とそうかとも思い始めていたが、そろそろ秋の気配が忍び寄る時期となり、どの企業もすでに内定が出尽くし、たとえ望みを下げても、あまり期待できそうになかった。

「公務員の家庭で、それほど余裕があるわけではなかったので、できれば就職浪人は避けたいところだった。思い余って、夏休み中にもかかわらずゼミの教授に相談すると、同ゼミのOBで、勤め先の商社の三田会で幹事をやっているという人を紹介してくれたんです。その商社はすでに面接を受けていて、まったく相手にされなかったところだったんですが、その人がいろいろ根回しをしてくれ、もう一度、面接を受けることができた。そして、なぜか今度は内定をもらうことができたんです。どこか釈然としないものもありましたが、三田会の底知れぬ力に驚かされました」

無事、この商社に勤めることになったK氏。今は係長に昇格し、企業内三田会の世話役も務めるようになった。K氏にとっても、また、組織化のスタッフを得た三田会にとっても、お互いにメリットがあったわけだ。

さすがに三田会のパイプをもってしても、すでに内定が出る時期が終わったあとで、このように就職が決まる例はそれほど多くない。むしろ、最近は企業側が三田会を利用するケースが増えている。三田会人脈を使った青田買いである。

「アベノミクス以降、人材確保が難しくなり、三田会の人脈を活用させてもらっている」と話すのは飲食店チェーンの運営会社幹部。自身も慶應商学部出身だ。

「普通に募集しても、将来幹部となれるような優秀な学生はなかなか飲食業界には来てくれない。そこで、慶應の体育会系クラブの三田会にコンタクトをとり、いろいろ学生を紹介してもらっているんです」

実はこの幹部、それまで三田会とはあまり縁がなかった。同じ卒業年度の塾員で構成される「年度三田会」の会合にも参加したことがなかった。三田会のみならず、学生時代はクラブやサークルにも入っておらず、声をかけるような後輩もいなかった。思い当たったのが、商学部で親しかった同級生だった。複数の体育会系三田会にかかわっている人物で、その伝手《つて》を頼って、学生たちを紹介してもらうようになったのだ。

「正直言うと、私自身は慶應の学生を採ることに積極的だったわけではありません。ただ、うちの社長が、本人は早稲田出身なのに慶應をすごく買っていて、ぜひとも入れたいと言いだした。あとで知ったんですが、受験の時、慶應の経済と商学部も受けていたそうなんです。本当は慶應に行きたかったのにどちらも落ちてしまった。だからというわけでもないんでしょうが、慶應の学生を採用することが至上命令みたいになっていたんです」

経営者からすると、やはり慶應ブランドに対する信用度は大きいのである。三田会を通して慶應の学生と接触はできたものの、それを入社まで結びつけるのは大変だった。

「相手が3年生の秋ぐらいまでに唾をつけておくんです。マン・ツー・マンの会社説明会に来てもらい、5年後には課長ポストを用意すると空手形を切ったり、自社チェーンの優待券を10万円分も渡したりと、いろいろやりました。うちに来ると言ってくれるのは5人に1人程度で、まずまずの手応え。ところが、彼らが4年生になって大企業の内定出しが始まると、大半がそちらに逃げていってしまいました」

それでも、2013年1人、2015年1人、2016年2人が慶應から入社した。一応、面子《めんつ》が保たれた幹部だったが、最近さらなる欲も出てきた。企業内三田会の結成である。

「ここ数年、三田会と接触することが増え、すごく興味が湧いてきたんです。三田会を通せば、こちらが慶應出身というだけで、学生たちが会ってくれる。同窓会という言葉だけではくくれない強い絆を感じ、こういう組織だったら、うちの会社にもつくりたいなと思うようになってきたんです。幸い、早稲田出身の社長も賛成してくれているんで、ここ1〜2年のうちに、連合三田会のほうに登録申請を出そうと考えています」

同幹部を含め、この会社に在籍する慶應出身者は全部で6人。だが、この人数で十分、三田会は成立するのだ。同会の性格を表すものとしてよく使われるのは「3人寄れば三田会」なる言葉である。どんな場所でも慶應の仲間が数人でもいれば、そこに三田会ができてしまうという意味だ。日本全国、さらに世界各国に多種多様な三田会が組織されている。どんなものがあるのか、次に見ていくことにする。

## 2 各三田会の結束力を左右するリーダーシップ

慶應連合三田会のホームページを開くと、さまざまな三田会が出てくる。連合三田会への加盟団体数は870近く。主な区分は「年度三田会」「地域三田会」「勤務先・職種三田会」「諸会」の4つである。

年度三田会は、他大学で同期会と呼ばれる卒業年度ごとの組織。卒業すると塾生から塾員になり、本人の意思に関係なく、自動的に年度三田会に組み込まれ、毎年、数千人規模の新たな三田会が誕生する。ただし、会員が存命でなければ成り立たないので、いずれは消えゆく運命にある。現存するもっとも古い組織は1934年三田会で会員数は10名となっている。会員の年齢を計算すると100歳は軽く超えていることになる。つい数年前まで1933年三田会も連合三田会のホームページに載っていたが、現在は名前を見つけることはできない。

「卒業年度によって、かなり温度差がある」と話すのは連合三田会の役員だ。

「決まった行事だけをこなす年度三田会が多い中で、非常に結束力が強い年度があるんです。そのひとつが1957年三田会。会員数は1860名ですが、慶應の創立150年（2008年）の際は、連合三田会を除き、各三田会の中でもっとも多い5600万円を集め寄付。慶應への思い入れの強さを見せつけました。ほかには、第109回卒業生であることから『109三田会』とも呼ばれる1968年三田会（会員数5400名）なども、まとまりがあって行動力もあると評判です」

年度三田会の結束力は、中にリーダーシップがとれ、慶應愛が強い塾員がいるかどうかで決まってくるという。1957年三田会の場合でいえば、商船三井社長や日本郵政公社初代総裁を歴任した生田正治（経済学部卒）の存在が大きかった。高校までは愛媛だったが、福澤諭吉の『学問のすすめ』や『福翁自伝』を読み感銘を受け、慶應を目指したという慶應愛に溢れる人物。同期の人望を集め、1997年には連合三田会大会実行委員長にも就いている。

同様に慶應関係者からの評価が高い1968年三田会は、サントリーホールディングス会長の佐治信忠が在籍する年度三田会。前述したように、2008年の連合三田会大会では佐治が実行委員長を務め、そのリーダーシップが発揮されたが、1968年三田会がもっとも活躍したのは1998年の大会だ。運営を中心になって担うのは卒業30年目の塾員の役目とされ、ちょうど1968年三田会が当番だった。当日の朝、台風が直撃。嵐が吹き荒れ、開催が危ぶまれたが、午後になると一転して雲ひとつない快晴に恵まれ、滞りなく大会は進められ成功を収めた。

「2年前から何度も打ち合わせをして念入りに準備をしていたと聞いていたので、報われてよかったです。彼らは1960年代半ばから後半にかけての学費値上げ反対闘争を経験した世代。早稲田、東大、日大、明治、法政などと比べれば、おとなしかったものの、その影響で1969年の連合三田会大会が中止になるぐらいですから、慶應もけっこう大変だった。学生運動に賛同するかしないかは別にして、この世代はどこかで特別な連帯意識がある。いまだに結束力が強いのも、こうした時代背景と無縁ではないと思います」（連合三田会役員）

このほかで評判がいいのは、2014年の連合三田会大会を担当した1974年、1984年、1994年、2004年三田会。

「誰かが突出して引っ張っているわけではないんですが、世代を超えた横の連携が素晴らしい。2024年の大会に向けて、2014年の卒業組も巻き込んで、さっそくコンタクトを取り始めているようです」（同）

## 寄付金額上位にきた意外な顔ぶれ

現在、国内の学校法人の大半は経営難に苦しんでいる。どこも寄付金集めに躍起になっているが、そうした中で抜群の集金能力を見せているのが慶應だ。1858年に福澤諭吉が江戸築地鉄砲洲に蘭学塾を開学。それを起点に2008年を慶應の創立150年として、大々的に寄付を募り、2005年10月～2010年9月の5年間で約285億円を集めた。

その内訳は、法人173億5200万円、個人91億3500万円、団体20億2300万円となっている。法人からの寄付がもっとも多いのは、慶應に対する経済界での位置付けを示すものとして納得だが、思ったより少なかったのが団体からの寄付である。そのほとんどは各三田会からのものであり、ネットワークの強さから考えると、意外に額が少なかった気がする。

「最初に個人で寄付してしまうと、三田会からの要請があっても、『すでに個人で出したから』と応じないケースがほとんど。それに、個人で50万円以上寄付した場合、日吉キャンパスの記念館、150万円以上なら三田キャンパスの南校舎ホール前に設置した寄付銘板に名前が刻まれるので、どうしてもそちらに流れてしまう。そんな中で、三田会が20億円を集めたというのはかなりの成果だったと思います」（連合三田会役員）

団体からの寄付金額の上位には、連合三田会や各年度三田会が並ぶが、9位と10位に予想外の名前が登場した。名古屋三田会（寄付金額3126万円）と岐阜三田会（同2256万円）である。

「名古屋が三田会の活動に力を入れているのは、名古屋銀行会長の加藤千麿《かずまろ》さんの存在が大きい。慶應への思い入れが強く、会員たちも加藤さんに引っ張られる形で、熱心に取り

組むようになったんです」（名古屋三田会関係者）

名古屋銀行は第2地銀の雄。加藤は創業家の御曹司で、頭取を２００６年まで24年間務めたのち、会長に就任した。慶應法学部出身（１９６３年卒）で、現在は慶應の評議員や連合三田会の副会長を務めている。

「名古屋銀行が地域密着型の金融機関として根づいていることもあり、地元の財界関係者にとっては、加藤さんの機嫌を損ないたくない面があるのは否定できない。寄付金集めに号令がかかれば、みんなで奔走することになる。でも、それだけが理由ではない。やっぱり、中央に負けたくないというのがどこかにあって、こういうところで頑張ってしまう気質がこちらの人間にはあるような気がします。岐阜三田会についてはわかりませんが、案外、名古屋三田会と似たような理由からではないでしょうか」（名古屋三田会関係者）

名古屋三田会も岐阜三田会も、先に挙げた４つの区分でいうと地域三田会の範疇《はんちゅう》に入る。国内だけでも、さまざまな地域三田会が全国に点在。北海道10、東北21、関東１０２、中部45、近畿16、中国21、四国10、九州17で、総数は２４２にも及ぶ。その数を見てもわかる通り、各都道府県に１ヵ所というようなレベルではないのだ。たとえば東京を見ても、杉並三田会や武蔵野三田会というような区・市単位の三田会があったり、もっとピンポイントの銀座慶應会、日本橋慶應会、東日本橋三田会といった町単位の三田会もある。ユニークなのは、東京佐渡三田会のような存在だろう。東京在住で佐渡出身の塾員の集まりだ。

全国の地域三田会に目を移すと、神奈川通信三田会、慶友三田会など、これは何だろうと思うものもある。これらは、通信教育課程で塾員となった人たちが結成した三田会である。なお、慶友三田会は大阪に住む通信教育課程の塾員がつくった三田会で、神奈川通信三田会とともに地域三田会に登録されている。こうした三田会は諸会の区分に入りそうだが、なぜ地域三田会に分類されているのだろうか。

「通信課程の組織としては全国通信三田会があり、他の学部や一貫教育校とともに諸会の学部・学校別等に登録されています。どうして地域三田会にも登録されている通信三田会があるかというと、彼らは塾生時代、同級生とたまにしか顔を合わせる機会がなく、横のつながりがなかなか持てなかった。しかも、課程を修了してしまうと、塾員同士さらに会う機会が減るので、地域の組織が必要だったんです。各地で、他の地域三田会以上に熱心に交流を持つ通信三田会が多いと聞いています。慶應の塾員としての誇りをもっとも強く持っているのは彼らじゃないでしょうか」(連合三田会役員)

現在、全国通信三田会の会員数は1万3700名。地域の通信三田会は連合三田会に登録されていないものも含め、41組織にも及ぶ。

## 中央への距離が塾員意識を高める

通信三田会のスタンスを見てもわかる通り、物理的にだけでなく、慶應の運営にかかわる機会も含め、中央への距離があるほど、塾員としての意識は強まるようだ。そうした傾向が端的に表れるのは、世界各国に散らばる海外の地域三田会だろう。ヨーロッパ13、北米・中米18、南米6、東アジア6、東南・西南アジア11、オセアニア5、中東5、アフリカ3の計67の三田会がある。

海外地域三田会で最大規模を誇るのは、会員1428名を擁するニューヨーク三田会。その歴史は古く、設立は1899年。慶應の同窓会が三田会という名称を使いだして間もない頃だった。福沢諭吉が支援して開業した為替専門の横浜正金銀行（旧東京銀行の前身）に慶應からも続々と入行。数多くの塾員たちがニューヨークに住むようになったため、現地に三田会を発足することになったのだ。当時は「紐育三田会」と漢字で表記されていた。

「ニューヨークは慶應がもっとも力を入れている海外拠点のひとつです。たくさんの塾員が住んでいるので、その子弟を念頭に1990年には慶應義塾ニューヨーク学院を創立。ニューヨーク州大学局教育評議会から正式認可を受けるとともに、文部科学省からも高校相当として指定された慶應で唯一の在外一貫校です。アメリカ以外の国からも塾生が集まり、福澤諭吉先生の〝世界に開かれた私学〟の理念を実践する場にもなっています。ニューヨーク三田会が現地に築いたコミュニティが基盤となって、こうした形で結実したといえるでしょう」（慶應義塾大学文科系教授）

ただ、これだけ人数が多いと、必ずしも三田会の活動に熱心な塾員ばかりではなくなる。「ニューヨークではそれほど不便を感じることもないし、三田会に顔を出さなくても日本人の知己はたくさんいたので、あまり積極的にかかわることはなかった」と振り返るのは数年前までニューヨークに駐在していた40代前半の商社マンだ。

「三田会の行事に参加するのはゴルフコンペの時だけでしたね。そういう人がけっこう多かったような気がします。特に熱が入るのは稲門会との大会。代表選手20人が選ばれマッチプレーで勝敗を決めるんです。自慢じゃないけど、そこそこ活躍しました」

ニューヨーク三田会に限らず、海外の大都市圏にある三田会では、どこでもゴルフが盛んなようだ。この商社マンが話すように、盛り上がるのは現地稲門会との戦い。各地で早慶戦（塾員側は〝慶早戦〟と呼ぶ）が繰り広げられている。

一方、三田会が小規模な場合は、会員同士の交流が密になる。5年ほど前までプラント企業の社員として中東の現地法人に出向していたエンジニアは次のように話す。

「会員数が20名に満たない三田会に在籍していたんですが、向こうは金曜と土曜が休みなので、毎週金曜の午後3時くらいから会員の家に集まって、みんなで料理を作って、ちょっとしたパーティをやっていました。そこで話題になるのが学生時代のこと。先生の思い出とか、サークルのこと、学校の経営に長老が出しゃばりすぎといった批判とかも、いろいろ言い合っていました。日本ではそんな話は滅多にしないのに、離れてみると、慶應のことが妙に気になってくるんです。それと、みんなでよく語り合っていたのが三田キャンパスのすぐそばのラーメン二郎のこと。想像すると、男性陣は涎《よだれ》が出てきて止まらない。真似て作ってみようかという話になったんですが、イスラム教の国では豚肉は厳禁なので、豚がベースの二郎の味に近づけるのは無理ということで断念しました」

他とは異なる経緯で組織化された三田会もある。台湾のケースだ。戦前、日本の統治下にあった同国から、多数の学生が慶應の医学部に留学。彼らは帰国すると「台湾慶應会」という三田会組織を結成した。それからだいぶ遅れて1990年代初頭、台湾に在住する日本人塾員が「台北三田会」を結成。1995年、この2つの組織は合併して「台湾三田会」が発足した。現在は台湾人219名、日本人84名が在籍している。

「よく似た形の三田会として、韓国には韓国人留学生が結成した『慶應義塾大学韓国三田会』（会員数800名）と、日本人組織の『ソウル三田会』（同67名）があります。台湾とは違い、合併はしていませんが、関係は非常に良好で、ソウル三田会が韓国人塾員の就職の世話をしたり、韓国三田会が現地で生活する日本人の面倒を見たりと、相互に支援する体制ができている。塾員である限り、国籍は関係なく、世界中どこにいても助け合うのが三田会の掟になっているんです」（連合三田会役員）

## ビジネスに直結する不動産三田会

職域三田会には、各企業の塾員たちがつくる企業内三田会と、業界ごとに集まる職種別三田会の2つのタイプがある。企業内三田会については第2章以降で詳しくレポートするので、ここでは職種別三田会について見ていきたい。

「三田会に入っているからといって、仕事上で特に大きなメリットがあるわけではありません」と話すのは公認会計士の佐藤裕紀（1988年商学部卒）。職種別で最大規模を誇る公認会計士三田会の幹事を務め、会の運営を中心になって支えてきた人物だ。

現在、公認会計士三田会の会員数は4607名。職種別三田会第2位の三田法曹会の2577名を大きく引き離している。なお、職種別で1000名を超えるのは、この2団体以外にない。この4607名という数字がなぜ凄いかは、日本国内の公認会計士数を見ればわかる。2016年4月末で2万8293名。公認会計士の6人に1人は公認会計士三田会の会員であるということだ。驚異的な占有率だが、その理由は簡単。1975年以降、42年連続で慶應が公認会計士試験の合格者数首位の座を堅持しているのである。

「長年、合格者数首位を守っているのは誇りですが、なぜ慶應が強いのかと聞かれてもよくわからないんです。文科系だけでなく、理工学部からもけっこう合格者はいますし、特定の学部で公認会計士試験のために特別な授業をやっているわけではありませんしね。他の大学と一緒で、公認会計士を目指す人の大半はそのための予備校にも通うので、条件はあまり変わらない。ただ、ひとつ言えそうなのは、一貫校から大学に上がってきた学生は受験がない分、勉強疲れをしていなくて、公認会計士試験に取り組みやすいという有利な面はあると思います」

こう話す佐藤も、慶應義塾志木高校からの持ち上がり組だ。これだけ公認会計士業界で三田会人脈が強いとなると、就職でもプラスに働きそうだが、「それは感じたことがない」と佐藤は話す。

「慶應出身の公認会計士を優先的に採用するというような話はあまり耳にしたことがありません。では、三田会に入るメリットは何かというと、新米の公認会計士でも会合などで業界の重鎮たちとフランクに話ができる点でしょうか。公認会計士制度の草創期を知る大御所もいらっしゃるので、とても勉強になります」

親睦会的要素の強い公認会計士三田会に対し、会員の実利を追求する職種別三田会もある。その代表格は会員数733名の不動産三田会だ。中小の不動産会社の経営者が中心で、大手デベロッパーの社員、弁護士、司法書士、税理士なども会員になっている。毎月、定例会を開き、不動産情報を交換。それがそのまま、会員同士の成約につながることも多く、中にはこの定例会の情報だけでビジネスをしている会員もいるという。

「信頼のおける相手と情報交換をする場をつくるというのも、不動産三田会を立ち上げるひとつの目的ではありましたが、もっと根源的な意図があったんです」と話すのは東京・新宿で不動産会社を経営する岡川榮司（1966年商学部卒）。1988年に不動産三田会を創設した中心メンバーで、会長も務めた。

「不動産業界のイメージを変えたかったんです。私自身は元々は製薬会社に勤めるサラリーマンだったんですが、身内のひとりが原野商法に引っかかり、それを調査したことがこの業界に入るきっかけとなった。実際、そうした悪徳業者も少なくなく、〝不動産業界＝人を騙《だま》す〟みたいな印象が世間に浸透していた。その後、バブルが起こり、地上げ屋が暗躍するなど、さらに悪いイメージが増幅され、これを何とか変えなければ未来はないという気持ちが強くなっていったんです」

世間が持つイメージを180度転換させるには、信頼を高めるしかない。そういう意味では、慶應ブランドの威力は抜群だった。不動産三田会が設立されると、瞬く間に業界で一目置かれる存在となった。

「それでも、不動産三田会を利用して悪さをするような会員がいないわけではありません。そうしたことが発覚したら、即刻退会してもらった。三田会や慶應をおとしめるような輩《やから》はいてもらっては困るんです。信用というのは我々にとって一番大きな財産ですから」

不動産三田会の活動エリアは首都圏。その成功を見て、1992年には関西不動産三田会（会員数252名）、2011年には中部不動産三田会（同43名）も設立され、同様の活動をしている。

「職種別三田会にはさまざまな業界が名を列ねていますが、そのネットワークに加わりたいがために、慶應に入ったという人もいると聞いている」と話すのは連合三田会役員だ。

「親が商売をやっていて、将来、その家業を継がなければいけないという子弟が三田会のことを知って、慶應を目指すケースが意外にあるようです。実家が不動産仲介業をやっている場合、不動産三田会に加盟できれば、優良物件を紹介してもらえると思って慶應に入ってくる。また、それほど大きくない業界で、メーカー、問屋、小売と川上から川下までの業者が職種別三田会に揃《そろ》っているような場合、そこで人脈づくりをしたいと思って、慶應を選ぶ場合もある。とにかく三田会に入りたくて、文系の学部を片っ端から受けたという人もいるくらいです」

どこか本末転倒の気もするが、職種別三田会によっては、それだけビジネスを有利に運ぶだけの潜在力を秘めているということなのだ。職種別に区分される中にはちょっと変わった三田会もある。歯科三田会（KEIO Dentist Club、会員数２００名）である。なぜ変わっているかというと、慶應には歯学部がないからだ。

「慶應義塾大学を卒業してから歯科大に入り直すケースとか、慶應義塾高校など一貫校から慶應に進まずに歯科大に行くケースがあるんです。そうした塾員たちの一部から三田会をつくりたいという話が出て、設立することになった。元々、慶應は歯学とは非常に関係が深いんです」（慶應義塾大学病院歯科・口腔外科元講師）

西洋歯学に基づく日本最初の歯科医師となった小幡英之助は慶應で学んだのち、アメリカの歯科医師から最新の技術を習得した。東京歯科大学の前身で、日本の歯科教育機関としてはもっとも古い歴史を持つ高山歯科医学院を設立した高山紀齋《きさい》も慶應出身で、アメリカに留学し歯学を学んだ。高山から学院を引き継ぎ、東京歯科大を創立した血脇《ちわき》守之助も慶應出身だった。こうした歴史的背景から、慶應医学部と東京歯科大の間にはずっと交流があり、２０１２年には連携協定を締結している。

歯科三田会が発足したのは１９８６年。当初は、それほど会員が集まるとは思われていなかったという。

「該当者は１８０名ほどいたんですが、慶應と疎遠になっている塾員もけっこういて、連合三田大会にもあまり参加していなかった。せいぜい50名集まれば上出来というのが大方の予想だったんです。ところが、ふたを開けてみれば、学生会員も含め１５０名以上も集まった。慶應出身を誇りに思っている人が多く、それを確かめられる歯科三田会の結成は大歓迎だったようです。近年は連合三田会大会で無料歯科相談を開催するのが恒例になっ

ていて、歯科三田会の存在感を示すことができています」(元講師)

前出の不動産三田会のように仕事に直結するメリットを生み出す組織もあるが、大半の職種別や年度三田会、学部やサークルによる諸会は、会員がそこで実利を求めるというよりは、慶應の塾員としてのアイデンティティを確認する場になっている。その一方、各企業に組織されている企業内三田会は親睦会としての性格はだいぶ薄れ、ビジネスにかかわる人脈づくりに利用されることが多くなってくる。財界に根ざす三田会ネットワークがどうやって築かれていったのか、そして、その実態がどうなっているのか、次章で探っていくことにする。

# 第2章　財界を席巻する三田会人脈

## 1　三菱グループ内に一大勢力を形成

「三田会の最大の特徴は企業内組織にあると思う」と話すのは早稲田の同窓会組織「稲門会」の代議員。各企業にある三田会は、連合三田会のホームページでは職域三田会の「勤務先別三田会」に区分されている組織（この本では「企業内三田会」と表記）である。

「我々のところにも〝企業別稲門会〟と称する同様のものがあるんですが、表面だけ三田会の真似をしているだけで、内実はまったく伴わない。両者は似て非なるものなんです」

連合三田会に登録されている企業内三田会は220団体。対して、稲門会は223団体と数はほぼ拮抗しているが、その内容はまるで別物だと、この稲門会代議員は卑下するように語る。

「うちのほうはただあるだけといった感じ。各稲門会とも結束力に乏しく、会員として名前だけは列ねていても、そこで何かしようという気持ちはほとんどない。せいぜい、飲み会で親睦を図る程度で、それ以上の発展はないんです。その点、あちらは各企業内三田会の中で会員たちが情報の共有ができていて、仕事にも生かしている。しかも、別の企業の三田会と横の連携もあって、人脈のパイプもどんどん太くなっている。比較するのもおこがましいほど、差をつけられています」

元々、三田会は福澤諭吉の「社中協力」という理念から生まれたもの。社中とは慶應の学生や教職員だけではなく、巣立っていった卒業生も含める。本当のところは、慶應の経営が立ち行かなくなり、福澤は苦肉の策として、卒業生に資金協力を呼びかけるために言いだしたものとされる。そのために、福澤は東京・広尾の別邸（現在の慶應義塾幼稚舎）にたびたび卒業生を集めて演説会を開いた。それが同窓会となり、各地にも広がっていき、地域三田会として発展したのだった。

一方、企業内三田会はどういう経緯で誕生したのだろうか。第1章で述べた「3人寄れば三田会」の言葉で表されるように、自然発生的に生まれたという言い方も間違いではない。しかし、偶然の産物というよりは、もっと必然的な流れがあったのである。福澤諭吉と関係の深い財閥の中に慶應閥ができ、それが企業内三田会の成立につながっていったのだ。その財閥とは三井と三菱の2つである。

現在、三井グループで企業内三田会があるのは東芝（会員数1500名）、三井物産（1000名）、三井住友海上火災保険（900名）、三越伊勢丹ホールディングス（40

0名)、三井化学(250名)、日本製紙(186名)、三井倉庫ホールディングス(161名)、三井金属(50名)、三井造船(50名)、三機工業(45名)、日本製粉(34名)。他にも三田会がある三井系の企業はあるが、二木会(毎月第2木曜に開かれる三井グループの社長会)の会員企業に限った。なお、トヨタ自動車も二木会に加わっているが、オブザーバーとしてなので、ここには入れていない。

一方、三菱グループは東京海上日動火災保険(1150名)、三菱東京UFJ銀行(1000名)、三菱電機(834名)、三菱UFJ信託銀行(553名)、明治安田生命保険(505名)、JXホールディングス(431名)、三菱重工業(本社と3事業所の各三田会を合わせ328名)、三菱商事(300名)、キリンホールディングス(200名)、三菱マテリアル(161名)、日本郵船(153名)、ニコン(141名)、三菱倉庫(90名)、三菱製紙(37名)、三菱製鋼(14名)。ここでは、三菱金曜会(毎月第2金曜に開かれる会長・社長会)の会員企業に限った。

日本を代表する2つの企業グループに、三田会はこれだけの拠点を築いているのである。他の三井・三菱系の企業や、連合三田会に登録されていない企業も含めると、さらにその数は膨大になる。それらはしっかりと企業内に根を下ろし、単に学閥という言葉だけではくれない勢力となっている。もはや、三田会は日本の財界を形成する大きなパーツのひとつになっているといっても過言ではない。三井グループについては第3章で詳しくレポートするので、ここでは三菱グループの中で三田会がどういう位置を占めてきたのか、歴史的背景を踏まえながら追っていくことにしよう。

## ヘッドハンター豊川良平の功績

岩崎弥太郎が三菱財閥の淵源となる海運業・九十九《つくも》商会を大阪に興したのは明治維新から3年目の1870年。その後、三菱商会と改称し、1874年、本拠を東京に移すのだが、その前年、岩崎は18歳下の従弟・豊川良平に社命を託す。一足先に上京して慶應義塾に入り、福澤諭吉から人材を紹介してもらえというのである。1858年、福澤が江戸に開いた蘭学塾「一小家塾」は1868年、慶應義塾と名を変え、優秀な門下生が揃っていると大阪まで聞こえてきていた。

「西洋に負けない会社にしたい。それに適う人間を引っ張ってこい」と岩崎から命じられた豊川は慶應に入学すると、福澤に事情を説明し人選を頼んだ。実は、これは福澤にとって渡りに舟の話だった。当時はまだ、武士社会の実業蔑視の考え方がはびこっていたが、福澤は門下生たちに、官界よりも実業界を目指すべきだと説いていた。しかし、門下生の就職先がなかなか見つけられないのが悩みの種だったのである。

豊川の話を聞いて喜んだ福澤だったが、ひとつだけ懸念していたことがあった。岩崎の評判があまりに悪かったのである。維新のどさくさに紛れ土佐藩のカネを横領したとか、政商として暗躍しているとか、傲慢きわまりない人物だといった噂《うわさ》が福澤の耳にも届いていた。

そんなところに門下生を送り出していいものかどうか、福澤は自身の目で確かめてみることにした。東京に進出して間もない南茅場町（現日本橋茅場町）の三菱商会を訪ねてみた。店の正面には大きなおかめの面がかかり、福澤の気持ちを和ませた。武士の気持ちを捨てきれない社員に、いつも笑顔で対応するようにと、戒める意味がこめられていた。社員たちの仕事ぶりはいたって真面目で雰囲気もよく、これなら大丈夫と福澤も安心したのだった。

福澤が豊川に最初に推薦しようとしたのは、四屋純三郎という門下生だったが、本人が商売に向いていないと固辞するので断念。次に白羽の矢を立てたのが、のちに三菱中興の祖といわれるようになる荘田《しょうだ》平五郎だった。慶應に入学後、その才を買われ同校で教鞭をとっていた荘田も、岩崎の評判の悪さを気にして渋っていたが、福澤が説得し三菱入りを決めた。

慶應でも「まれに見る秀才」と謳《うた》われた荘田は三菱でいくつもの企業の立ち上げに尽力したが、それらを書き出していくと切りがないので、ここでは2つの功績を挙げておく。ひとつは、日本で初めて複式簿記を導入したこと。それまで三菱には西洋の経理の知識がある者は皆無だったが、荘田が入社したことで一気に近代経営への道が拓かれた。

もうひとつは、今もあるグループ各社の本社が並ぶ東京・丸の内の土地の買収だ。1889年、イギリスのグラスゴーに出張していた荘田は、新聞で丸の内の練兵場の官有地が売り出されていることを知る。ただちに本国に打電。土地を買うように進言したのである。すでに岩崎弥太郎は亡くなり、三菱財閥2代目総帥に就いていた弟の岩崎弥之助が購入を決定。10万7000坪の広大な一等地に、三菱王国が築かれていくことになる。

豊川良平が三菱にスカウトした慶應の塾員は荘田だけではなかった。そのひとりが山本達雄である。といっても、塾員といえるかどうかは微妙なところ。在学したのは短期間で、卒業もしていないからだ。山本は大阪で小学校教師を3年間務め学費を貯め、20歳の時に上京し慶應に入った。しかし、学費が続かなくなり、慶應をやめるしかなくなってしまう。

そこで手を差し延べたのが豊川だった。三菱財閥が経営する明治義塾で塾長を務めていた豊川は、山本に自分のところの学校に来るようにと誘ったのである。明治義塾を卒業した山本は、岡山や大阪の商業講習所で教頭を務めたのち、三菱入り。郵便汽船三菱（現日本郵船）に入社し、各支店の副支配人を務めた。幹部候補生だったが、三菱財閥から日本銀行総裁に転身していた川田小一郎に要請され、同行に入行。日本銀行総裁に就いたあと、政界に転身し、大蔵大臣や内務大臣などを歴任した。

日本郵船の社長に就いた吉川泰二郎や、荘田とともに日本で最初の近代的生命保険会社の明治生命保険（現明治安田生命保険）を創業した阿部泰蔵らも福澤諭吉の門下生。豊川のスカウトによって三菱入りをしている。

こうした人脈を通し、慶應を卒業後の塾員たちのひとつの進路として、三菱グループへの就職という道筋が構築されていったわけだが、慶應、三菱の双方にとって最大の功労者はヘッドハンター豊川良平といえるだろう。豊川は土佐藩の御殿医の長男として生まれたが、両親を早くに亡くし、伯父の家に引き取られた。しかし、その伯父も15歳の時に亡くなり、岩崎弥太郎が面倒を見るようになったのである。

豊川はかなり変わった人物だったらしい。そもそも、〝豊川良平〟は本名ではない。小野春彌《はるや》が本当の名前だったが、豊臣、徳川、張良、陳平から一文字ずつを取り、勝手に名乗るようになったのだ。あだ名は「不得要領居士」。慶應に入っても、ほとんど机に向かうことはなかったという。豪放磊落《らいらく》な性格で、人からは好かれた。それがスカウトでも生きたのだろう。次々に、人材を獲得していった。

スカウトとしては成果を上げていたものの、慶應卒業後は正式に三菱に加わるでもなく、浪人生活を送り、ぶらぶらしていた。仕事らしい仕事は1881年に前出の明治義塾で塾長を務めたくらいだが、3年後に廃校となり、再び浪人生活に戻った。仕事を再開するのは1889年。経営破綻した第百十九国立銀行を三菱が傘下に収め、豊川が頭取に就任したのだ。同行はその後、幾多の変遷を経て、豊川が亡くなる前年の1919年、三菱銀行（現三菱東京UFJ銀行）となった。

## 交流を阻むグループ企業の序列

現在、三菱グループは戦後の財閥解体を経験しながらも、再び結束を強めている。前出の三菱金曜会の会員企業は29社。さらに枠を広げた三菱広報委員会には40社が参加している。同会の目的は「三菱に対する好感と信頼感を醸成すること」となっている。金曜会も含め、横の連携をしっかりとって、三菱を盛り上げようということである。

それだけなら親睦会の域を出ないが、金曜会では月によって定例会の前に、世話人会が開かれている。参加するのは三菱東京ＵＦＪ銀行、三菱商事、三菱重工業のグループ御三家に、三菱ＵＦＪ信託銀行、三菱電機、三菱地所などの主要企業10社中６社が持ち回りで加わる。その内容はなかなか洩れ伝わってこないが、グループの経営方針にかかわる最重要課題が話し合われることが多いという。

一方、三菱グループ各社の企業内三田会はどうなっているのだろうか。「同じ三菱だからといって、連携する場面はあまりない」と話すのは三菱電機三田会のメンバーだ。

「三菱全体を考えた場合、ここ10数年、三菱自動車問題が重くのしかかっていて、グループ内でずっと善後策が話し合われていました。しかし、それはトップレベルの話。三田会同士でそうした資本にかかわる問題が話題にのぼることもないですし、三菱グループ内でこの三田会と特に仲がいいということもない。個人同士で親しいケースはあっても、それはあくまでも塾生時代から続くもので、会社に入ってからできた関係ではありません」

１９９０年代半ば以降の三菱自動車工業は不祥事続きだった。１９９６年、アメリカの現地法人で２８９人の従業員がセクハラを受けたとして集団訴訟。２０００年と２００４

年にはリコール隠しが発覚。その間に死亡事故も起きている。2016年4月には燃費試験の不正問題が発覚し、日産自動車の傘下に入ることになった。慶應出身の三菱東京UFJ銀行の元幹部は次のように話す。

「2回のリコール隠しを受け、2004年、資本・業務提携を結んでいたダイムラー・クライスラーとの提携が解消になり、三菱自動車の経営は著しく悪化。それまで支援してきた三菱グループが大々的に介入せざるをえなくなり、三菱重工業を中心に御三家が増資を決め再建に乗り出すことになるんです。その間、金曜会や世話人会で話し合われるテーマはこの問題ばかり。そのおかげで三菱グループの絆は強まったんですが、以降も三菱自動車の経営は改善せず、そんな中で燃費不正問題が持ち上がった。三菱グループから日産に主導権が移ったことには忸怩《じくじ》たる思いがあるものの、先行きが見えないやっかいな問題がグループの手から離れ、正直なところ、各社の幹部たちは胸を撫で下ろしているんです」

一方、各三田会でこの問題が話題になることはあまりなかったようだ。そもそも、三菱自動車は連合三田会に登録されていない。それだけでなく、三菱グループ内の各三田会が横のつながりを持ちにくい、もうひとつの理由がある。

「グループ各社で格付けがあるんです。御三家があって、次が主要10社、その下が歴史が浅かったり元々は外様のところ、さらにその下に規模が小さいところといったヒエラルキーがある。三田会同士で横の連携といっても、序列が違うところとはなかなかつきあいづらい。私が勤める三菱電機は主要10社に入っていますが、御三家にへりくだるのも嫌ですし、また、序列が下の企業の三田会メンバーに変に気を使わすのではと考えると、かえって疎遠になってしまうんです」

三菱電機三田会のメンバーはこう話すが、慶應や三田会の理念からすると、本当はおかしい。塾員たちは、相手がどんなに社会的に偉くても〝君付け〟で呼ぶ決まりになっている。君付けでないのは〝福澤諭吉先生〟だけで、どんな長老でも〝○○君〟となる。実際に目上の塾員を前にすれば、そうした言い方はしないが、少なくとも文字で表記する時はそうすることになっている。要するに、三田会員はすべてが同輩であり、上も下もないはずなのだ。しかし、現実にはそうもいかないということなのだろう。そこには無視できないヒエラルキーが厳然と存在するのである。ただ、過去をさかのぼれば、三菱グループ内の各三田会が頻繁に親睦を図っていた時期もあったらしい。

「戦前から三菱にいた人がまだ、幹部として残っていた時代は、財閥解体でバラバラになったグループの結束を取り戻そうと、三田会を媒介とした交流が頻繁に行われていた。アメリカ側は財閥が復活することを警戒していましたが、三田会はあくまでも親睦会なので、便利なアイテムなんです。今でも三菱グループにおいて慶應は最大勢力ですが、1950年代から1970年代にかけてはもっと多かった。トップ同士が慶應というケースも珍しくなく、金曜会で話すよりも、三田会を通してのほうが目立たなくていいという側面もあったんです」（三菱東京UFJ銀行元幹部）

1997年の独占禁止法改正で純粋持株会社が解禁され、かつての財閥の形態が事実上、認められるようになった。その結果、三菱自動車問題でグループが一丸となって動いたように、財閥復活を印象づける行動に関し、あまりカモフラージュする必要がなくなった。そういう意味では、少なくとも三菱グループの中では、三田会の役割も変わってきていると言えるのかもしれない。

「実際のところ、三菱グループの三田会よりも、同じ業界やその周辺企業の三田会メンバーとコンタクトをとるほうが圧倒的に多い。ライバル社同士なので、どこまで情報を交換するかはわきまえなければなりませんが、いずれにしろ、業界との交流に時間を割くほうが余程、三田会の有効活用になっていると思います」（三菱電機三田会会員）

## 2 社外取締役に起用される慶應の重鎮

三菱、三井といった日本経済界の2大勢力における三田会の数での圧倒は、その中で実際にどういったパフォーマンスが繰り広げられているかにかかわらず、存在感をアピールする絶好の場になっている。それが慶應および三田会のブランド力をさらに高める相乗効果を生み出しているわけだが、同様の意味で、重要なアイテムとなっているのが財界の重鎮たちだ。慶應出身の大物の存在は、在籍する企業のみならず、三田会全体の底上げにつながっている。

財界の慶應出身の重鎮たちを見ていくと、その信用度の高さに驚かされることがある。世間は、他大学出身の重鎮よりもステータスを上に見ている節があるのだ。筆者がそれを強く感じたのは、経済情報誌『ZAITEN』(2010年3月号)で「本邦『社外取締役』紳士録 肩書コレクター慶應三羽烏」という記事を書いた時だ。

日本の社外取締役の実態が名義貸しに近く、本来の機能を果たしていないというのが記事のテーマ。中には、ひとりで何社もの社外取締役に就いているケースもあると批判を展開した。その代表格として挙げたのが、誰もが認める財界の重鎮であり、慶應の学校法人と三田会の双方で最高幹部として君臨してきた面々だった。日本IBM元社長の椎名武雄（1951年工学部卒）、富士ゼロックス元社長の小林陽太郎（1956年経済学部卒）、キッコーマン取締役名誉会長の茂木《もぎ》友三郎（1958年法学部卒）の3人である。

椎名が初めて社外取締役に就いたのは1993年のことだった。その年の初頭に日本IBMの社長の座を慶應の後輩の北城恪太郎《かくたろう》（1967年工学部卒）に譲り、会長に就任。時間の余裕ができ、次々に社外取締役を引き受けるようになる。2001年にはHOYA、商船三井、明治製菓、東京スター銀行など、8社もの社外取締役に同時に就いていた。

「社外取締役を専門にやっている人でも4社が限度。8社も引き受けては、月1回の取締役会に出るのがやっとで、何が課題になっているのかも、ほとんど把握していなかったのではないか」と経済部記者は話す。

2005年3月にはメルシャンの社外取締役にも就いている。慶應義塾普通部（中学）の同級で、当時会長だった創業家出身の鈴木忠雄（1951年経済学部卒、2010年10月80歳で死去）に請われてのものだったが、椎名は社外取締役としての役割をまったく果たすことができなかった。

「2006年春、キリンビールから買収提案があり、同年11月、友好的TOBがかけられ傘下に入るんですが、いくら敵対的ではないといっても、鈴木さんにとってはどうだったか。親会社の味の素は1997年に発覚した総会屋への利益供与事件で鈴木家の支配が終焉を迎えた。鈴木さんの心情を考えると、創業家最後の砦のメルシャンを失うのは辛かったに違いありません。キリン側は社外取締役の岸暁《さとる》さん（元東京三菱銀行頭取）が交渉の中心に立っていたのに、こちらの椎名さんはまったく動こうとはしなかった。まさに飾り物の社外取締役だったわけです」（メルシャン元幹部）

80歳を過ぎる頃から椎名も体力面の衰えと、批判の声を気にしてか、社外取締役を次々に退任。現在は1社も務めていない。

## "仲良しクラブ"の誹り

2015年9月に82歳で亡くなった小林陽太郎は椎名ほど、社外取締役を数多く引き受けたわけではなかった。筆者が『ZAITEN』の記事を書いた時点で、小林が社外取締役を務めていた企業はNTTとソニー。「頼まれれば、基本的に断らない人なんですが、すでに財団の理事を数えきれないほど引き受けていて、物理的に無理だった」（富士ゼロックス元幹部）というのが真相だ。

茂木友三郎は現在まで、コンスタントに社外取締役等を引き受けている。1999年、帝人のアドバイザリーボード（経営諮問委員会）が設置された時、社外メンバーになったのがきっかけだった。アメリカのデュポン社の前会長がメンバーに含まれていることもあって、議事はすべて英語で進められた。茂木は慶應卒業後、コロンビア大学経営大学院に留学し、同校で初めてMBA（経営学修士）を取った日本人。ビジネス英語もペラペラだった。その後、茂木は同社の社外取締役に就任した。

2000年代前半、帝人以外にHOYA、東京ガス、明治安田生命保険の社外取締役も引き受けたが、そこにはひとつの問題があった。社外取締役制度はアメリカに倣《なら》って導入されたもの。本業がおろそかになったり、社外取締役が単なる名誉職にならないようにするため、アメリカ企業の大半で、CEO（最高経営責任者）は1社を超えて社外取締役にならってはならないという内規を設けている。だが茂木は、一線を半ば退いてから社外取締役に就いた椎名や小林と違い、キッコーマンの社長兼CEOおよび会長兼CEOだった時代（1995～2011年）に、複数の社外取締役を引き受けているのだ。アメリカ通として知られる茂木とは思えない安請け合いである。

80歳を過ぎた今も、茂木はキッコーマンで取締役名誉会長に加え、取締役会議長を兼任しながら、オリエンタルランド、カルビー、千葉カントリー倶楽部で社外取締役、東武鉄道とフジテレビジョンで監査役、日本ベンチャーキャピタルで非常勤取締役に就いている。なお、オリエンタルランドについては、慶應同期で会長兼CEOを務める加賀見俊夫（1958年法学部卒）がキッコーマンの社外取締役に就くという相互関係にある。しかも、現在も茂木と加賀見が揃って慶應の評議員と理事を務めているとなると、〝仲良しクラブ〟の誹《そし》りは免れないだろう。

だが、ここで7年前の記事と同じ批判を繰り返したいわけではない。なぜ、こうした慶應・三田会の重鎮たちが各企業に、こんなにも重宝されるのかが不思議なのである。キッコーマンとオリエンタルランドは別にして、彼らが社外取締役を頼まれた各企業は、必ずしも三田会が強い企業とは言えないからだ。たとえば、椎名と茂木が社外取締役として名を列ねていたHOYAは、創業家が特に慶應と関係があるわけではなく、現在CEOを務める鈴木洋《ひろし》も東洋大学出身である。

「CEOの父・鈴木哲夫元社長（故人）が椎名さんと交流があったんです。そのつながりで茂木さんにも話がいき、お二人に社外取締役を頼むことになったわけですが、単に知己というだけで選んだのではなく、やはり慶應というブランドが大きかった。対外的な信用度が全然違いますからね。社外取締役としての実力があるかどうかは、この際あまり重要ではなかった。この当時、椎名さん自身、経済紙のインタビューで社外取締役について『名誉職だと考えている』と答えているくらいですから」(HOYA元幹部)

いずれにしろ、HOYAに限らず、各社が慶應出身者を社外取締役に起用する最大の理由は、巷に浸透している慶應に対するイメージである。ほとんどマイナスの要素がなく、たとえお飾りであっても、慶應なら格好がつくと経営側は判断しているのだ。素朴な言い方をすれば、世間体がいいのである。

彼らに慶應らしい実力を発揮してほしいと思っている経営者はそれほど多くはない。アリバイ的に社外取締役を置いているケースが大半を占めているからだ。すでに決めた経営方針を追認してくれればいいのであって、そこで異を唱えられたら困るのである。慶應ボーイらしくスマートで、他人の会社で反乱など起こす気もないように見える人材は、日本の社外取締役に適任ということなのだ。

## 階層が違う世界

筆者が「慶應三羽烏」と名付けた椎名武雄、小林陽太郎、茂木友三郎の3人に共通するのは育ちの良さである。椎名は千葉県九十九里の庄屋の家系で、慶應は中学から。小林は富士写真フイルム（現富士フイルムホールディングス）第3代社長・小林節太郎の子息で、慶應は幼稚舎から。茂木は高校は都立で、慶應は大学からだが、350年以上の歴史を持ち、醤油《しょうゆ》の世界最大のシェアを誇るキッコーマンの創業家一族だ。

驚くのは、渡航がまだ簡単ではない1950年代に、3人とも慶應を卒業してから私費でアメリカに留学している点だ。1ドル360円の時代である。茂木は前述した通り、コロンビア大学経営大学院、椎名はバックネル大学工学部、小林はペンシルベニア大学ウォートンスクールを修了した。

1960年代、ハワイ旅行を景品にしたテレビのクイズ番組が大人気だった。ハワイへの渡航すら、一般人には夢の夢だったのである。それよりも何年も前に、ハワイを飛び越えアメリカ大陸に渡り、2年間の学生生活を送っているのだ。身分制度がない現代にあって、明らかに階層が違う世界が広がっていた。そうした層が集まってきているのも慶應の特徴である。

## 3 銀行に腰掛け入社する御曹司たち

慶應は面白い――。

唐突に何を言いだすのかと思われるかもしれないが、これは筆者の偽らざる感想である。経営者へのインタビューを基に、その人の半生を描く連載を夕刊紙で手がけるようになってから、そう強く感じるようになった。日経の「私の履歴書」をコンパクトにして、よりライトなテイストで書き進める企画だが、人選が悩ましいのだ。正直なところ、日本を代表する大企業のトップでも、純然たるサラリーマン社長で、エリート街道まっしぐらという人物は困ってしまう。まったく面白味に欠け、ここがツボだという、描きたくなるようなポイントが見つからないのである。

人を蹴落としながら、派閥争いに勝ち、のし上がってきたというエピソードでもあれば別だが、たとえあったとしても、そうしたことはまず語ってくれない。その人物をおとしめるような企画ではないので、嫌なことを根掘り葉掘り聞くわけにもいかず、読み物としてはどうしても平坦で、つまらないものになってしまうのだ。アポイントメントを取る段階で、階段を一段ずつ上がりトップに登りつめたというようなサラリーマン社長は、次第に避けるようになってきた。

では、どういう人物が好都合かというと、自分で道を切り拓いた創業者か、もしくは創業一族の家庭に生まれた子弟。特に後者に、慶應出身者がやたらと目立つのである。育ってきた環境や、ひとつひとつのエピソードも面白い。何より、そうした育ち方をした人物は許容範囲が広く、周囲のことをあまり気にせず、自由闊達《かったつ》に喋《しゃべ》ってくれるのがこちらとしてはありがたいのだ。

第1章で引用した帝国データバンクの調査結果にもあったように、慶應出身の社長にそれほど創業者が多いわけではない。もっとも多いのは後者の創業家の子弟である。帝国データバンクの調査では、慶應出身社長の半数以上が同族継承だった。その中でもとりわけ興味を掻き立てられるのが、老舗や躍進を続ける企業の御曹司なのである。エピソードにエスプリが効いている上に、まったく悪びれず快活に語るさまは、まさに三田会を体現していると思わせる部分がある。そうした層は実はほんの一握りにすぎないにもかかわらず、育ちの良さが全体のイメージにつながる結果となっているのは、三田会にとって大きなメリットと言えるだろう。

サカタのタネの社長を務める創業家3代目の坂田宏（1974年経済学部卒）も、そうした意味で慶應出身の典型的なトップのひとりだ。家柄は申し分なく、育ちの良さという点でも文句のつけようがなかった。インタビュー時は自身の半生を忌憚《きたん》なく語ってくれ、書き手の側からすると、非常に描きやすい人物だったと記憶している。

父の坂田正之は元々は坂田という姓ではなかった。旧姓は堀田。下総佐倉藩主堀田家11代目正恆《まさつね》伯爵の次男として生まれた。要するに、殿様の家系である。正之は東大法学部を卒業後、日本興業銀行に入行。銀行に籍を置いたまま海軍に入り、主計将校として南方戦線を転戦した。終戦後、復員すると、知人から養子縁組の話が持ち込まれ、子どもがいなかったサカタのタネの創業者・坂田武雄の養子となった。

祖父・武雄も父・正之も、坂田宏に帝王学を授けることは一切なかったが、創業家という環境で生まれ育つうち、自然とそうした意識が沁み込んでいったのだろう。どこかで潜在的に、いつかは家業を継がなければならないという気持ちが植えつけられていたのかもしれない。

慶應は中学から。受験して慶應義塾普通部に入学した。高校時代はサッカーのサークルに入り、スポーツに明け暮れる毎日を送っていたが、あまり机に向かわないわりには成績はよかった。大学は経済学部に進み、卒業すると第一勧業銀行（現みずほ銀行）に就職した。本人はこのまま銀行に骨を埋めても構わない思いだったが、結果的には慶應出身の御曹司によくあるパターンの〝腰掛け入社〟になってしまった。結局、銀行に在籍したのは4年9ヵ月。辞めるきっかけは、それまで進路について何も言わなかった父がボソッと「サカタに入らないか」と洩らしたからだった。坂田はその気持ちを察し、家業を継ぐことにした。

ただ、そのあとがよくあるパターンではなかった。アメリカに2年間留学するのだが、MBAを取って将来の社長として箔をつけようというのとはまったく違った。それまで種苗の勉強をしてこなかった坂田は、サカタのタネに入る前に基礎を学ぼうと、本場のアメリカに渡り、農学では全米トップクラスのカリフォルニア大学デービス校に入学したのだった。

卒業や学位が目的ではなかったので、必要だと思われる講義を片っ端から受ける一方、将来あまり役に立ちそうもない科目には見向きもしなかった。朝から寝る前まで机に向かうという勉強漬けの毎日だった。英語力も飛躍的に伸びた。この時代の経験がのちに、サカタのタネのグローバル化にも大きく貢献。同社を花と野菜の分野では世界のトップをいくリーディングカンパニーに押し上げた。

## 長銀を1年で辞めた麻生家のプリンス

慶應出身の御曹司の場合、家業に入る前に、金融機関や関連業種に就職するケースがよく見られる。通常は5年前後、長くても10年以内に退職するので、〝腰掛け入社〟と呼ばれるが、この言葉は本来は結婚を機に〝寿退社〟する女性社員を対象に使われていた。しかし、近年は時代背景も変わり、共稼ぎが当たり前になり、結婚したからとすぐ会社を辞めてしまうパターンはだいぶ減っている。いずれにしても、慶應の学生が腰掛け入社すると表現する時は、今も昔もオーナー企業の御曹司が家業に入る前に、別の企業に数年間だけ勤めるケースを指す場合が多い。その就職先としては、銀行が定番になっている。

都銀で長く人事を担当してきた人物は「取引先の親族を優先的に入行させることは昔からあった。どんな相手でもいいというわけではなく、ある程度の規模以上の同族会社が対象で、コネというより、ごく当たり前に行われている商慣習のようなもの」と話す。だが、いくら数年で辞めるからといって、明らかに出来の悪い人材を採用するわけにはいかない。慶應からの腰掛け入社が多い点については、次のように説明する。

「なぜあんなのを入れているんだと、内部から不協和音が出るのは困る。また、対外的に、あの銀行はコネ入行が横行していると噂されるのも非常にまずいわけです。その点、慶應ならある程度の水準には達していると考えられますし、もし実力に乏しくても『あの大学から採用して結果が出なかったのなら仕方ない』という言い訳もでき、人事が責められることもない。どちらにしろ、ほとんどの場合、実力を品定めをしているうちに、腰掛け入行した行員は銀行から去ってしまうので、問題が表面化することは滅多にないんです」

ここでも慶應のブランド力が発揮されているわけだが、こうした腰掛け入社組の中には御曹司中の御曹司というような人物も含まれている。そのひとりは現在「麻生」の社長を務める麻生巌（1997年経済学部卒）だ。同社は九州財界を牛耳る麻生グループの中核企業で、曾祖父に吉田茂、伯父に麻生太郎を持つ華麗なる一族のプリンスである。慶應は幼稚舎からで、経済学部を首席で卒業した。腰掛け入社したのは日本長期信用銀行（現新生銀行）だった。

「このレベルになってくると、銀行側としては入っていただくという感じ。麻生さんの側は元々、銀行に入ることに大して重きを置いていなかったのでしょう。1998年、長銀の経営破綻が明らかになると、さっさと辞めてしまうんです」（長銀OB）

不良債権隠しが次々と発覚する長銀を退職した麻生巖はケンブリッジ大学に留学し、国際関係論を専攻した。帰国すると麻生グループ各社の要職に就き、帝王学を学び、2010年には父・泰《ゆたか》（麻生太郎の弟）の跡を継いで、麻生の社長に就任した。

長銀にはわずか1年余りしか在籍しなかったが、事情が事情だけに麻生を批判する者はまったくいなかった。その一方、1年で腰掛け先を退職して顰蹙《ひんしゅく》を買った例もある。日用品メーカー白元（現白元アース）の御曹司だった鎌田真（1990年経済学部卒）だ。

創業者の孫の鎌田は慶應を卒業すると第一勧業銀行に入行したが、特別な理由がないにもかかわらず、翌年には退職。「いくら腰掛けといっても、大した理由もなしに1年で辞めてしまうのは仁義にもとるとの声が行内にあった」と金融関係の業界紙デスクは証言する。もちろん、新人行員の退職などいちいち気にする幹部はいないが、人事記録としては残る。決して、それがプラスに働くことはない。

銀行を辞めた鎌田は白元に入社。1990年代半ばに渡米し、ハーバード大学ビジネススクールでMBAを取得した。1998年に帰国すると、取締役マーケティング部長に就任し、経営改革に取り組んだ。アイスノンやホッカイロといった定番商品に頼るばかりで伸び悩んでいた同社の事業を拡大することにしたのだ。M&Aを次々に手がけ周辺事業に参入し、業績を伸ばし、2006年、39歳の時に社長に就任した。しかし、この前後から拡張路線の綻《ほころ》びが見え始め、業績は悪化。注文を受けていない商品を小売業者に納入する粉飾まがいの押し込み販売にも手を染め、経営は一気に傾いていった。

2013年4月、白元は住友化学に第三者割当増資を実施したが、一度坂道を転がりだした石は止めることはできず、ついにはメインバンクの百十四銀行も見放した。

「あまり縁のない香川県の百十四銀行がメインバンクになったのは、鎌田氏の手法に懸念を持った大手都銀が手を引き始め、他に当てがなかったからです。白元の元々のメインバンクは富士銀行で、二番手行が第一勧業銀行だった。この両行に日本興業銀行を加え、みずほフィナンシャルグループになるわけですが、鎌田氏はせっかく第一勧業銀行に入りながら、わずか1年間しか在籍しなかったため、懇意にする人物もおらず、むしろ冷ややかな目が向けられることになった。銀行団の中で、もっとも強硬姿勢を打ち出していたのは三菱東京UFJ銀行ですが、みずほフィナンシャルグループは救いの手を伸ばすどころか、同調する姿勢を見せたんです」（業界紙デスク）

銀行団の協力を得られなかったのが、腰掛け入社時の非礼にあるというのは、さすがに言い過ぎだろうが、在籍がたった1年では、少なくともプラスになるような爪痕は何ひとつ残せなかったことだけは確かだ。2014年5月、白元は民事再生法の適用を申請し、鎌田は社長を引責辞任した。

## 仕事より音楽に熱中した慶應ボーイ

白元はその後、アース製薬が民事再生スポンサーに選ばれ、白元アースとして再出発を切り、創業家の手を離れた。失意の中、表舞台から消えた鎌田真だが、同じ慶應出身で、やはり銀行での腰掛け入社を経験している衆議院議員の大塚拓（1997年法学部卒）とは少なからず因縁がある。「大塚氏の夫人の丸川珠代氏が結婚する前につきあっていたのは鎌田氏なんです」と週刊誌記者が話す。

大塚の生家は、皇室御用達として知られる高級靴メーカー大塚製靴の創業一族。慶應を卒業すると、大塚製靴のメインバンクの東京三菱銀行（現三菱東京UFJ銀行）に入行した。本人の公式サイトには〈生の金融・経済や大組織の力学を学ぶため、銀行に就職〉とあり、あくまでも腰掛けであることを窺わせている。6年後、退職し、ハーバード大学ケネディ行政大学院に留学。2005年6月、公共政策修士号を取得し帰国すると、同年9月の衆院選に小泉チルドレンのひとりとして自民党から出馬し、初当選を果たした。20

08年6月、テレビ朝日アナウンサーから参議院議員に転身した自民党の丸川珠代（現東京オリンピック競技大会・東京パラリンピック競技大会担当国務大臣）と結婚した。

「丸川氏が初当選した2007年7月の時点ではまだ、白元の鎌田氏と半同棲状態だった。結婚を前提とした交際でしたが、鎌田家サイドが猛反対し、同年末に破局したんです。それからまもなく大塚氏と交際が始まり、数ヵ月後にスピード婚。鎌田氏、大塚氏いずれも同族会社の創業家出身だったことから、丸川氏は〝無類の御曹司好き〟と揶揄《やゆ》されたものでした」（週刊誌記者）

こうして見ていくと、慶應出身の御曹司は週刊誌ネタになりやすい人物が多いようだが、それは連合三田会の役員は「慶應ボーイというだけで派手好きのように思われがちだが、それはほんの一握り。大半はそうしたことには臆病で堅実な人が多い」と、世間の見方を否定する。確かに、サカタのタネの社長・坂田宏などは物腰から生真面目な性格が伝わってくる人物だった。しかし、鎌田や大塚以上に世間のイメージを裏切らない御曹司もいる。それが結局、命取りになったのは漢方薬最大手ツムラの3代目社長・津村昭（1958年法学部卒）である。「ミスター御曹司」という呼称がピッタリくる人物だった。

津村には弟2人がいたが、全員が幼稚舎から慶應に入った。幼少の頃はそれぞれに婆や

（子守をする年配の女性）がひとりずつ付いていた。慶應を卒業すると、アメリカのバッファロー大学とミシガン大学に留学。帰国すると、第一製薬（現第一三共）に6年間、腰掛け入社し、１９６６年、ツムラ（当時の社名は津村順天堂）に入り、10年後に40歳で社長に就任した。

「世間の常識をまったく知らないお坊ちゃまで、学生時代から音楽とクルマの運転に熱中する日々を送っていたそうです。第一製薬でよそさまの空気を吸って、業界のことを勉強してくるはずが、その間も遊び呆け、何も身につかずにツムラに戻ってきたんです」とツムラOBは振り返る。愛車は映画「００７」シリーズでも使われたイギリスのアストンマーティン。バンジョーのコレクションは１０００本以上に及び、ジャズ演奏の腕前は玄人はだし。というよりも、完全にプロだった。自身の名前を冠したバンドを結成し、演奏活動に精を出していた。

「それなら遊び人に徹し、経営は番頭格に任せておけばいいのに、自分も何かやらなければいけないと思ったのか、いろいろ口を出してくるようになる。バブル期には子会社を次々に設立。本業とはまったく関係のない美術品販売の会社まで立ち上げ、１９９０年代に入ると、これらが不良債権化し、ツムラの経営を圧迫していくんです」（ＯＢ）

津村は子会社幹部の甘言に乗り、同子会社が安田信託銀行（現みずほ信託銀行）などから70億円の融資を受ける際、独断で債務保証予約した。結局、40億円が焦げつき、97年、津村は特別背任容疑で逮捕された。

「子会社幹部に騙された面もあるとはいえ、融資の一部を使い、津村さんはその男からロサンゼルスの敷地面積530坪の豪邸をプレゼントされている。2年後には子会社の名義に変更されたものの、当局はそれをリベートと見て逮捕に踏み切ったようです」（OB）

その後、津村に対する懲役3年執行猶予4年の判決が確定。経営の舞台からは完全に去ることになったが、80歳を迎えた今も、演奏活動やCD制作を精力的に行っているという。

## 地銀界で活躍する慶應出身者

慶應出身者の腰掛け入社先企業で圧倒的に多いのは、これまで見てきた通り銀行だが、通常の就職でも、慶應から銀行に行くケースが多い。受け入れる側で「慶應なら、ほぼ間違いがない」（前出・都銀人事担当）という評価があるからだ。必然的に、各行で慶應出身の行員の割合が増えるわけだが、それは銀行幹部も慶應出身者が多いことにつながる。

「都銀では、戦前は慶應出身の頭取がゴロゴロいましたが、戦後は圧倒的に東大が多い。

旧大蔵省、財務省の官僚に東大が占める割合が高いので、関係を構築したい都銀側としてはどうしてもトップに東大を持ってくることになります。役員には慶應出身者が多いですが、副頭取以上になるとかなり少ない。21世紀になって都銀の頭取になったのは、UFJ銀行（旧三和銀行）の沖原隆宗さん（1974年経済学部卒）ぐらいじゃないでしょうか」（都銀人事担当）

まだ取締役にもなっていない常務執行役員の沖原がいきなり頭取に抜擢されたのは2004年5月のことだった。しかし、それは短命に終わる。UFJ銀行は2006年1月に東京三菱銀行に吸収合併されてしまうからだ。同行の自己資本比率は8％割れ寸前までできており、国際業務にも支障が出始めていて、他行の支援を仰がなければ、存続できない危機に陥っていた。損な役回りを押しつけられた沖原だったが、三菱東京UFJ銀行では副頭取、三菱UFJフィナンシャル・グループでは会長を務め、まずまずの成果を残した。

「都銀では東大に押されっぱなしの慶應ですが、地方銀行には強い。地銀頭取の2割近くが慶應出身者で占められています。元々、地銀は一族経営が多く、その子弟が慶應に入るケースが多かったという背景がある。行員も積極的に慶應から採用した地銀が多く、そういう人たちが今ちょうど、頭取に昇格している時期なんです」（都銀人事担当）

地銀界で存命中の慶應出身の大物といえば、真っ先に名前が挙がるのが東邦銀行（本店・福島市）の前頭取の瀬谷俊雄（1959年経済学部卒）だろう。創業家に生まれ、1990～2007年の17年間、頭取を務め、会長職を経て2011年、相談役に退いた。なお、1972～1978年に頭取の座にあった父・瀬谷誠一も慶應経済学部の出身だ。

慶應出身の御曹司らしく、瀬谷も腰掛け入社をしている。といっても、その後の経歴を見ると、腰掛けという言い方が適切かどうかは微妙なところ。第一銀行（1971年～第一勧業銀行、現みずほ銀行）に入行するのだが、同行に27年間も勤めているのだ。「本人は第一勧業銀行に骨を埋める覚悟だったようです」と証言するのは一勧OB。「都内の支店長を歴任し、枢要店の虎ノ門支店長も務め、取締役昇格は間近と見られていた」矢先に退職してしまうのだ。

「東京での生活に慣れていたのに福島に戻ったのは、お父さんの誠一さんが1978年に亡くなり、創業家のDNAが途絶えてしまうのを懸念する声が内部から出ていたからです。お父さんが亡くなっても、すぐには戻らなかったのは、内心かなり逡巡していたんだと思います。しかし、福島で東邦銀行に戻せないかという声が一層高まる中、瀬谷さんも無視できなくなっていったんです」（金融系業界紙デスク）

1986年、東邦銀行に入行し常務に就任し、その4年後、頭取に昇格した。2004～2007年には全国地方銀行協会の会長も務めた。

「瀬谷さんのバンカーとしての実力は金融業界の誰もが認めるところ。地銀協の会長に抜擢されたのも、実はすごいことなんです。同会長は横浜、千葉、静岡の地銀御三家に加え、常陽や広島などの上位行の頭取が持ち回りで就いてきた。預金量で18位あたりにいる東邦銀行から会長に起用されるのは画期的なことだった」（業界紙デスク）

瀬谷から頭取を引き継いだのは、生え抜きの北村清士。慶應商学部（1970年卒）出身で、瀬谷からの信頼も厚かった。これで、創業家の支配も終わりを迎えたことになる。

## 慶應愛に溢れた環境で育つ

東邦銀行と同様、創業家支配の終幕が近づいているのは、静岡県沼津市に本店を置くスルガ銀行。慶應・三田会の重鎮で、1985年以来、31年間にわたって社長を務めた岡野光喜（1967年経済学部卒）が2016年6月、会長に退いたのである。なお、同行では「頭取」ではなく、「社長」と呼ぶ。普通の会社では社長なのに、なぜ銀行だけ特別なのかと、岡野自身が変えたのだ。併せて、「行員」も「社員」に改めた。

岡野の曾祖父・岡野喜太郎が1895年にスルガ銀行の前身の根方銀行を興してから121年にわたって岡野一族がトップ（頭取・社長）を務めてきたが、初めて創業家以外の人間が社長に就いた。新社長は生え抜きで、明治大学工学部出身の米山明宏だった。

「かなり意外でした。米山さんは2015年に執行役員に引き上げられたばかりで、その1年後に取締役も経ずにいきなり社長ですからね。序列からいうと17人抜きです。思い切った改革をしてきた岡野さんのことだから、ありえない話ではありませんが、もしサプライズがあるとしても、慶應出身の若手を持ってくると予想していたんですが……。それぐらい、慶應を信頼している人ですから」

首を傾げながら話すのは慶應出身の同行OB。岡野の祖父で第2代頭取の岡野豪夫《ひでお》、父で第3代頭取の岡野喜一郎、さらには弟2人も慶應である。慶應愛に満ち溢れた中で育った岡野の経歴はいかにも慶應の御曹司らしい。経済学部を卒業すると、アメリカ・オハイオ州のコーネル・カレッジに留学。日本人がまったくいない環境をあえて選んだのだという。2年後に帰国すると、富士銀行（現みずほ銀行）に入った。6年間の在籍だから、いわゆる腰掛け入社だが、外国為替業務やロンドン駐在など、スルガ銀行に戻ってから役に立ちそうな実践経験を積むことができた。

「スルガ銀行は西は静岡銀行、東は横浜銀行という地銀上位行に挟まれ、非常に難しい舵取りを求められるエリアにある。独自路線を編み出していかないと、いつ飲み込まれてもおかしくない状況にあった。特に岡野さんにとって大きかったのはアメリカ留学と旧富士銀行で海外赴任を経験できたことです。そして、彼が出した結論は、アメリカ型のスーパーリージョナルバンクだった」（金融系業界紙デスク）

近年、さかんに聞くスーパーリージョナルバンク。簡単にいえば、従来の都道府県などのエリア枠を越える広域地方銀行のこと。安倍政権の成長戦略に盛り込まれ、俄然注目を浴びるようになったが、岡野は四半世紀以上も前にそうしたアイデアを持っていたのだ。リテール重視をうたい、他行なら嫌がる個人客への融資、たとえば転職の多い外資系社員への貸し出し、非正規社員やひとり親世帯の住宅ローンなどに目をつけ、顧客層を広げていった。対象のエリアも首都圏にまで拡大し、業績を伸ばしていったのである。

他行からは〝落穂拾い〟と揶揄する声もあった岡野の戦略だが、その先見の明にやっと称賛の声が上がりだしている。その一方、岡野が力を入れてきたのは慶應・三田会との関係である。

「慶應では理事と評議員、連合三田会では副会長を務め、会合にも精力的に出席しています。すでに70歳を過ぎた岡野さんですが、長老が多いので中堅の部類に入る。少なくとも今後10年は長老と若手をつなぐ架け橋として、リーダーシップをとるようにしてもらいたい」と連合三田会の役員は話す。

現在、スルガ銀行三田会の会員数は64名。岡本のような存在がありながら、ちょっと少ない気もするが、「これは三菱東京UFJ銀行三田会の1000名に匹敵する数字」（連合三田会役員）だという。スルガ銀行の社員数は1500名強。一方、三菱は約3万5000人なので、スルガ銀行のほうが占有率はかなり上回っているのだ。

岡野を讃える連合三田会役員だが、「ただ、少しがっかりしたのは次のトップが慶應でなく明大出身だったこと。岡野さんが冷静に判断された結論なのでしょうが」と残念そうな顔を見せた。

## 地銀の統合を演出した商学部の同期

「政府が模索するスーパーリージョナルバンク構想は、実はスルガ銀行の独自路線とはちょっと違う」と話すのは金融庁関係者。

「スルガ銀行のように単独で生き残れるところはいいんですが、地銀の中には相当厳しい状況に置かれているところが少なくない。すでに財務の健全性を失っている銀行もあり、再編が急務になっている。地銀同士を統合させて、ブロック経済圏に対応した大型の地銀を誕生させるというのが、政府が考えているスーパーリージョナルバンク構想。その過程で、慶應への期待が膨らんでいるんです」

この金融庁関係者が慶應の名前を挙げたのは、すでにそれで成功している事例があるからだ。熊本県のトップ地銀の肥後銀行と鹿児島県のトップ地銀の鹿児島銀行が２０１５年10月、経営統合し、九州フィナンシャルグループを立ち上げた件である。

地銀界の再編といえば、相互銀行だった第二地銀との組み合わせが普通で、県のトップ地銀同士の統合はかなり珍しい。どちらかの財務基盤に問題があれば可能性はあるが、両行とも健全な状態だった。

将来起こりうる危機を見越して、早めにスーパーリージョナルバンクへの転身を図ったわけだが、この話がまとまった背景には、両行の頭取がどちらも慶應出身だったことが大きかった。それも単に同窓というだけではない。肥後銀行の頭取・甲斐隆博、鹿児島銀行の頭取・上村基宏、ともに商学部を１９７５年に卒業した同期だったのである。しかも、同じ時期にそれぞれ福岡支店長を務め、会食して情報交換する仲だった。

「隣接する県の地銀の頭取が両方とも慶應というケースはそれほど多くないかもしれませんが、頭取同士でなければ話が進まないというわけではありません。地銀界には現役の頭取だけでなく、元頭取や幹部にも慶應出身者がたくさんいるので、いろいろ根回しが利く。また、三田会がある地銀もけっこうあるので、統合に向けた雰囲気づくりがしやすい。この手の話は、あそこの人間と一緒になるのは嫌だというのがネックになるので、三田会のような存在は大きいんです。今後のスーパーリージョナルバンク構想の成否は、三田会人脈にかかっているといっても過言ではありません」(金融庁関係者)

# 第3章　秘密結社としての三田会

## 1 三越と伊勢丹の統合で果たした役割

三田会が企業合併に大きな役割を果たすケースもある。2008年4月、経営統合した三越伊勢丹ホールディングスも、三田会の存在がなければ誕生しなかったかもしれない。

2000年代後半、売り上げが低迷する百貨店業界では再編の波が押し寄せていた。2007年春、大丸と松坂屋が経営統合を決定。次に統合するのは高島屋、伊勢丹、三越のうちの2社だろうと見られていたが、どの組み合わせになるのかは、はっきりしていなかった。高島屋と三越、高島屋と伊勢丹、三越と伊勢丹の3通りの組み合わせが考えられ、「各社はいずれにも対応できるように、それぞれのケースごとに幹部が水面下で接触していた」(経済部記者)という。

結局、三越と伊勢丹に落ち着いたのは、ひとつには当時の三越社長の石塚邦雄と伊勢丹社長の武藤信一が開成高校の同窓だったことが挙げられる。大学は武藤が慶應(1968年経済学部卒)、石塚は東大である。統合話を進めていたのはこの2人と、三越の前社長で相談役の中村胤夫《たねお》と伊勢丹会長の小柴和正。4人で密かに会合を重ねていたが、そこに特段、三田会の影響を見ることはできない。中村は慶應（1961年法学部卒）だが、小柴は早稲田出身だ。仲がよかったのは武藤と石塚、そして中村と小柴。中村は新宿店長になった時、同地での先輩の小柴にライバルながら、いろいろアドバイスをもらい、以来十数年、毎月一回、会食して情報交換する仲だった。

4人中2人が慶應とはいえ、それが原動力となって話が進んだというのは言い過ぎだろう。また、社長同士が名門高校の同窓というのは小さくないアイテムで、事実、そうした部分はあっただろうが、それはあくまでも話に入る導入として役に立ったというにすぎない。幹部4人の人間関係よりも、両社の状況が統合へ向かわせたといったほうが正しい。

三越OBは次のように話す。

「百貨店業界で唯一好調な伊勢丹と、不振が続く三越。一緒になれば、こちらはお荷物と言われかねず、その屈辱を考えると、統合にもろ手を挙げて賛成することはできなかった。そうした三越側の懸念を払拭したのは、双方の三田会の存在です。伊勢丹三田会とは普段から交流があり、仲もいい。彼らなら我々のプライドを傷つけるようなことはしないだろうと信じていたわけです。相手方の武藤社長が慶應出身であることも、安心感という意味では大きかった」

統合話が出る1年以上前に、三越の石塚社長が社員たちにどこと組むべきか尋ねたところ、大半の答えは伊勢丹だったという。慶應出身でない三越社員にとっても、三田会は信頼の置ける組織だった。後述するが、慶應ブランドは、三越という老舗百貨店にとっては切っても切れないアイテムなのである。

石塚社長は冷静に情勢を分析していた。企業風土があまりに違うこの両社が一緒になっても、実際にうまくやっていけるのか懸念を持っていた。三越は公家、伊勢丹は野武士の集団だった。そこを押し切ったのが石塚と腹を割って話ができる武藤だった。「風土の違いはデメリットではない。むしろ、相乗効果が期待できる」と説得した。これが逆の立場だったとしたら、統合に漕ぎ着けたかどうか。もし、非慶應の石塚が積極的に推し進める側だったら、今度は伊勢丹三田会から反発を受けたに違いない。慶應出身の武藤が主導することで、三越三田会の信頼を勝ち取り、伊勢丹内部からの異論も抑えることができたのである。

高島屋が統合相手となりえなかったのは、三田会勢力の脆弱《ぜいじゃく》さが祟《たた》ったともいえる。当時の高島屋三田会の人数は250名。決して少ないとは言えないものの、社員7200名(2007年2月末)に対し、占有率は3・5%にすぎない。一方、伊勢丹三田会は社員

3600名に対し384名で占有率は10・7%。三越三田会は社員6700名に対し500名で7・5%だ。伊勢丹三田会メンバーにしても三越三田会メンバーにしても「一緒になるのなら高島屋よりは――」という気持ちだった。そして両社とも、こうした三田会の意向を簡単にネグレクトできる環境にはなかった。なぜ、三田会がそれほど重要なポジションを得ていたのだろうか。伊勢丹と三越それぞれの歴史的背景を見ていくことにする。

## 三代小菅丹治の三田スケート倶楽部人脈

呉服商や古着商をオリジンとし、電鉄系とは一線を画す老舗百貨店の中で一番最後に誕生したのが1886年創業の伊勢丹である。創業者の初代小菅丹治と婿養子の二代小菅丹治は、いずれも農家の出で呉服店の丁稚からのスタート。上級の学校で学ぶ機会はなく、慶應と縁があったわけではない。その関係ができたのは三代小菅丹治の時代である。

小菅は東京女子高等師範学校（現お茶の水女子大）附属幼稚園・小学校、東京高等師範学校（現筑波大）附属中学と進み、慶應の大学予科に入学した。東京高等師範附属からは一高、東大というコースを選ぶのが一般的だったが、オーナー企業の御曹司は慶應に進む者も少なくなかった。

慶應時代はスケート部に所属。アイスホッケーに熱中した。練習場所は、1933年に神田から新宿に移転した伊勢丹の屋上。当時はスケートリンクが設置されていたのだ。その頃の慶應はインターカレッジで5回も優勝する強豪。小菅はレギュラーとして活躍し、1940年札幌で開かれることになっていた冬季オリンピックの代表選手にも選ばれたが、第二次世界大戦の勃発により中止になった。慶應スケート部は三田スケート倶楽部という三田会組織を持ち、連合三田会において戦前から重要な位置を占めてきた。現在526名の会員が所属している。

小菅は1941年に経済学部を卒業すると、三井物産に入社した。その後、レナウンを経て1948年、伊勢丹に入社。29歳の若さでいきなり、常務に就任した。そこで小菅は思い切った行動に出る。伊勢丹三田会を解散させてしまったのだ。学閥のデメリットを懸念してのことだった。

一方で、小菅自身は三田スケート倶楽部を通して三田会との関係を非常に大切にしていた。スケート部の3年後輩の山中鏆《かん》を伊勢丹に引き入れたのも小菅だった。山中は自ら企画してメーカーに商品を作らせる自主マーチャンダイジング方式を採用し、伊勢丹躍進の礎を築いた功労者。伊勢丹で専務を務めたあと、松屋社長や東武百貨店社長を歴任。「ミスター百貨店」と称された。

こうして慶應出身者を重用しながらも、企業内に三田会が蔓延《はびこ》ることを小菅はひどく嫌った。学閥は円滑な組織運営を壊すと考えたのである。百貨店業界は戦前から慶應出身者が多かった。高級感を売る商売であり、品の良さを第一義に求め、良家の子息が集まる慶應から優先的に採用。老舗百貨店のほぼすべてで、三田会が形成されていた。

「私が入社した1970年代はまだ表立って三田会を標榜することはできませんでしたが、現実には慶應出身者の親睦会はしばしば開かれていた。そして、4代目に実権が移ると、再び伊勢丹三田会が復活するんです」

こう話すのは、慶應出身の伊勢丹OBだ。1984年、4代目社長に就いたのは三代小菅丹治の長男の小菅国安。1968年に慶應経済学部を卒業後、アメリカのデニソン大学やシラキュース大学に留学したのち、三菱銀行に入行。7年間勤め、1979年、伊勢丹に取締役として入社した。それからわずか5年後の1984年2月末、38歳で社長に昇格。父・丹治が危篤となったため、急遽《きゅうきょ》、決まった人事だった。丹治はその5日後、65歳で亡くなった。なお、国安は社長になっても、先代たちとは違い、〝小菅丹治〟を名乗ることはなかった。

百貨店事業の経験が浅い国安をフォローすべく、番頭格の重鎮たちで脇を固めたが、合議的な体制がとられたのは最初のうちだけだった。伊勢丹が創業100年を迎えた1986年、国安は「伝統を打ち壊す」と宣言。そこからは唯我独尊に傾いていく。

「周囲をアッと言わせたのが1988年2月の人事。ずっと商品・営業畑を歩んできた当時専務の小柴和正さん（前出）を営業本部長から外し、総務担当に配置換えしてしまったんです。若返りを図ったといえば聞こえはいいですが、自分より14歳も上で、社内の人望を集める実力者の小柴さんが煙たかったのでしょう」（伊勢丹OB）

小柴の代わりに営業の中枢を担うようになったのが、この人事でヒラの取締役から常務に引き上げられ、店舗事業本部長に就いた宮下修である。慶應大法学部出身で、早大出身の小柴より5歳下だった。

「この前後から、やたらと伊勢丹三田会からの登用が目立つようになるんです。周りをイエスマンで固めるという意味と、孤独感にさいなまれるようになって、救いを三田会に求めたのだと思います」（伊勢丹OB）

## 伊勢丹創業家支配の終焉

小菅国安は父・丹治とは違い、三田会との距離をうまく測ることができなかった。あまりに近くなりすぎたのである。

実は、国安の学歴は父親と非常によく似ている。中学・高校は、校名は変わったが父と同じ東京教育大学附属（現筑波大学附属）に進んだ。慶應に入ったのは大学からである。戦前と同様、教育大附属からは東大に進む者が多く、「国安さんには劣等感があったようだ」と伊勢丹OB。「その分、慶應ブランドへの思い入れが強くなったのではないか」と推察する。

周囲に三田会のメンバーを置き、国安は徐々に裸の王様になっていく。独りよがりの経営に走った結果、ついには伊勢丹を苦境におとしいれてしまうのである。

国安最大の失敗は、アメリカの高級衣料品専門店「バーニーズ」との資本提携に踏み切ったことだった。ここでも、三田会人脈が関係している。1988年暮れ、ゴールドマン・サックス日本法人の幹部社員だった持田昌典《もちだまさのり》（現ゴールドマン・サックス証券社長）が国安に話を持ちかけたのだ。幼稚舎から大学まで16年間、慶應ですごした持田については、第4章で詳しく触れる。

1989年1月、国安はバーニーズのプレスマン社長とハワイのゴルフ場でラウンド。持田がセッティングしたものだった。プレスマン社長と意気投合した国安は翌月、バーニーズとの取引を前提にイセタン・オブ・アメリカを設立。同年6月にはバーニーズ・ジャパンを設立した。

「バーニーズ創業家のプレスマン社長はとんでもない食わせ者で、伊勢丹から資金を引き出すことしか考えていなかった。小菅さんはそれにまんまと乗せられてしまった。当初から危惧する声はあったんですが、周りにいるのはイエスマンばかりで、忠告する者は誰もおらず、どんどん泥沼にはまっていった。最後は500億円を超える特別損失を計上する羽目になったんです」

こう振り返るのは三菱東京UFJ銀行中堅幹部。国安はこのメインバンクとの関係をこじらせていく。そのきっかけとなったのが、仕手筋として名を馳せた不動産会社の秀和からの攻撃だった。

1980年代後半、秀和は「流通再編」を掲げ、スーパーや百貨店株を買い集めていた。流通再編はお題目にすぎず、企業に高値で買い取らせるのが狙いなのは明らかだった。独善的な経営を続け、隙だらけになっていた伊勢丹もターゲットにされていた。

1989年12月、秀和の小林茂社長は国安に会談を求め、伊勢丹株18・4％を保有していることを通告した。秀和はその後も伊勢丹株を買い進め、1992年6月には28・3％を保有するまでになっていた。

「秀和の小林さんはここまで買い進めるつもりはなかったんです。しかし、会談の際、小菅社長が木で鼻をくくったような態度を見せたので、とことんやってやろうという気持ちになったと語っていました」（兜町関係者）

小林はバブル期、アメリカの経済誌『フォーブス』の世界長者番付で第3位に入った資産家。秀和は2000年代に入ると経営破綻したが、当時はまだ資金が潤沢にあった。伊勢丹側としては、これ以上、攻勢をかけられれば、にっちもさっちもいかなくなることは目に見えていた。事実、すでに様々な方面で支障が出ていた。バーニーズ問題で財務が悪化する中、仕手筋に4分の1以上の株式を握られ、株価の乱高下も懸念され、エクイティファイナンス等による資金調達も難しくなっていた。

1993年に入ると、国安は禁忌ともいえる手段に打って出る。メインバンクの三菱銀行を差し置き、三和銀行に秀和から株式を引き取るための資金調達を依頼したのである。まもなく、三菱銀行の幹部に話が伝わり、逆鱗《げきりん》に触れるところとなり、国安の更迭を強く要求。同年5月、国安は社長退任に追い込まれ、伊勢丹の創業家支配が終焉した。

「三菱銀行三田会は規模が大きく、結束力も強かった。その分、裏切り者には冷たい。三田会は親睦会ながら、秘密結社的な性格も持ち合わせているんです。行員として7年間働いた小菅さんは三菱銀行三田会にも所属していたわけですが、その人脈を生かすどころか、かえってマイナスに作用した」と三菱東京UFJ銀行中堅幹部は話す。彼もまた、慶應出身である。現在、三菱東京UFJ銀行三田会は会員数1000名。いくつもの銀行を吸収していった結果、かつてほどの結束力はなくなっているものの、人事面ではいまだ影響力を保っているという。

国安は結局、三菱銀行三田会から何の助けも得られなかった。そればかりか、伊勢丹三田会にも国安をバックアップしようとする動きはなかった。伊勢丹を窮地に追いやった張本人を支えようという者はもはやいなかったのである。イエスマンと見られた幹部たちも、すでに国安に見切りをつけていた。

三田会にはヒエラルキーがないことになっている。実際には、会長ほか役員らを頂点とする上下関係は存在するのだが、そうした役職に就いた者は会のため、会員のために滅私奉公するというのが基本である。多分に建て前の部分はあるのだが、とりあえず会員は横並び。会社では上司であっても、ことさら遠慮する必要はないというわけだ。

退任した国安に代わって伊勢丹社長に就任したのは小柴和正である。国安に疎まれながらも、社員からの人望は絶大だった。早大出の小柴がトップに就いたことで、伊勢丹三田会の力は弱まると見られたが、まったく関係なかった。相変わらず慶應出身者からの幹部登用は多かったし、結局、変わったのは創業家が表舞台から消えたということだけだった。

## 慶應に非ずんば人に非ず

三越は伊勢丹よりもさらに三田会色が強い。両社が経営統合する2007〜2008年当時の三田会占有率は前述の通り、伊勢丹のほうが上回っているが、三田会にとって三越は牙城とも呼べる拠点として認識されてきた。なにしろ、三越の歴代社長はほぼ慶應出身者で占められ、戦後も2005年5月に東大出身の石塚邦雄が社長に就くまで、全員が慶應だった。こうして三越を三田会一色に染め上げた人物は、福澤諭吉の甥で慶應出身の中《なか》上川《みがわ》彦次郎である。

旧財閥で三田会ともっとも密接な関係にあったのは、三越のルーツの呉服店「越後屋」を源流としてグループを形成した三井だった。三田会との結びつきができた背景を探っていくと、「三井中興の祖」といわれた中上川の存在が浮かび上がってくる。外務、内務、大蔵などの大臣を歴任し、三井の大顧問を務めていた井上馨《かおる》が、経営危機に陥っていた三井銀行の立て直しに際し、福澤諭吉に人材の提供を依頼。そこで白羽の矢が立てられたのが山陽鉄道（現JR山陽本線）の社長を務めていた中上川である。10代半ばで慶應に学び、イギリスに留学。帰国後は20代前半で慶應の教授に就いた逸材で、その後は井上の秘書官を務めていた時期もあり、旧知の仲だった。

1891年、三井銀行の理事となった中上川は次々に改革を断行した。東本願寺や明治政府要人たちへの不良債権を半ば強制的に回収。一方で、三井グループの工業化も推進した。

三井に強大な三田会の拠点が誕生したのは、中上川自身が慶應だからという理由だけではない。慶應出身者を積極的に採用したのだ。慶應出身で中上川の4年後に三井銀行に入行し、のちに大蔵大臣を務めた池田成彬《しげあき》は著書『故人今人』の中で、その様子を次のように語っている。

〈銀行の人物採用にしても慶應出の人間ばかりどんどん入れるというようなわけですから、古くからいる番頭さんなぞは蔭でいろいろ不平を言ったろうと思うのです。その慶應出の連中というのも、なにしろ新聞記者上がりが多いから銀行の業務のことなど一向に知らない。ただ議論ばかりしておる。そういうような連中を片っ端から引っぱってきて半年位おくとそれを店長にする〉

中上川が三井銀行に在籍していた時代は、採用した9割以上の学卒者が慶應だったという。こうして、慶應出身者が次々に三井の中核企業の要職を占めていった。三越も例外ではなかった。福澤諭吉に傾倒し慶應に学んだ日比翁助も、中上川から声をかけられたひとりだった。三井銀行に入ったのち、三越の前身の三井呉服店に転籍。1904年、三井家の手を離れ三越呉服店になってからは、日比が代表を務め、中上川と同様、慶應出身者を優先的に採用した。

しばらくすると、「慶應に非《あら》ずんば人に非ず」と揶揄されるような状況が生まれていた。三越三田会はもはや、親睦会の域を完全に逸脱していた。ひとつの権力機構になっていたとも言えるだろう。その猛々しい一面が世間の目にさらされたのは1982年秋のことだった。

## 三田会という〝ぬるま湯〟が生み出したワンマン社長

9月22日午前11時、三越日本橋本店の新館7階の役員会議室で、運命の取締役会は開かれた。新聞、雑誌、テレビの各メディアは連日、愛人・竹久みちへの利益供与など、三越のワンマン社長・岡田茂（１９３８年文学部卒）による企業私物化の実態を報じていた。少なくとも、岡田は取締役会ではマスコミ対策をどうするかが話し合われるはずだった。少なくとも、岡田はそう思い込んでいた。

出席した役員は全部で17名。うち慶應出身者は岡田を含め11名だった。第５議案まで滞りなく終わり、「その他」と書かれた第６議案に移ると、議長が岡田から慶應出身で専務の杉田忠義に交代。岡田と杉田の事前の話し合いで、第６議案では諸々の報道は風説であり、事実とは異なる旨の確認をする手筈になっていた。ところが、杉田の口から発せられたのは岡田に対する解任動議だった。岡田以外の16名全員が賛成に回り、解任が決まった。その瞬間、岡田が叫んだ「なぜだ」は当時の流行語になった。

「よもや、自身も所属する三田会から切り捨てられるとは、岡田さんも思ってもみなかったでしょう」と慶應出身の三越ＯＢ。解任動議を出した杉田は岡田の子飼いで、次期社長と目されていた人物だった。本番の３日前、岡田を除く三田会メンバーを中心に、解任動議のリハーサルが行われていた。「岡田の腰巾着」と陰口を叩かれていた杉田も加わり、裏切り者のユダ役を演じることを承諾した。顧問弁護士にも手続き上、問題がないことを確認。この時点で、岡田の解任は決定的になったのである。

「同じ三田会同士とはいえ、これ以上、岡田さんの暴挙を許すわけにはいかなかった。自浄作用が働いたというよりは、三越を守るためにも、また、三田会をこれ以上、おとしめないためにも、岡田さんの追放に踏み切るしかなかったんです。三越三田会のみならず、他の三田会組織の重鎮たちからも〝あれはいかん〟との声が上がっていた。三田会というぬるま湯が岡田さんのようなトップを生み出したことも事実。批判の矢面に立たされないためにも、きっぱりケジメをつける必要があった」（三越ＯＢ）

岡田と愛人の竹久は19億円にものぼる特別背任の容疑で東京地検特捜部に逮捕された。岡田は東京地裁で懲役３年６ヵ月、東京高裁で懲役３年の実刑判決が下ったが、上告中の１９９５年７月、腎不全で亡くなった。80歳だった。竹久は最高裁まで争い、懲役２年６ヵ月の実刑判決が確定。服役したのち、２００９年７月に動脈瘤のため79歳で亡くなった。

一方、三越三田会は岡田が去っても、まったく変化がなかった。むしろ、より結束力が高まったといえるかもしれない。岡田によって追い出され、西武百貨店の社長を務めていた慶應出身の坂倉芳明（1943年経済学部卒）も事件後、三越に復帰。1986年には社長に就いた。

「三田会の天下が続くことになり、関係者たちは安堵したものの、緊張感のなさは相変わらず。岡田さんにライバル視され、常務時代に粛清された坂倉さんですが、戻ってきても、かつての切れ味はなく、三田会のぬるま湯にどっぷり浸かってしまったんです。綿密な計算もなしに、ゴルフ場開発に乗り出したり、やみくもな出店攻勢。それはまさに、岡田さんと同じ放漫経営だった。ところが、三田会の誰もそれに気づかないんです」（OB）

バブル期に手がけたゴルフ場開発では446億円にも及ぶ特別損失を計上。1990年代前半に次々に出店した新店舗でも赤字を垂れ流すような状態で、1995年に社長を退き会長に就いていた坂倉は1997年に引責辞任した。

「2000年代に入っても、坂倉さんがつくった負の遺産に苦しみ、結局、伊勢丹との統合に踏み切るわけですが、三越三田会自身が蒔いた種とはいえ、その後の経過を見ると失敗だった。これほど惨めな思いをすることになろうとは……」

こう言って顔を歪めるのは、三越出身で、現在は三越伊勢丹ホールディングスのグループ企業で幹部を務める人物だ。伊勢丹との経営統合以降、「夢にも思わなかった方向に進んでいる」と嘆く。いったい、三越で何が起こっていたのか。

## 非三田会の自社社長より他社の三田会

2008年4月に発足した三越伊勢丹ホールディングスは、会長兼最高経営責任者に伊勢丹の武藤信一、社長兼最高執行責任者に三越の石塚邦雄という体制でスタートした。単純にいえば、両社のトップが新組織でのトップを分け合った形だが、微妙ながら、なかなかバランスのとれた人事だった。

経営的に優位にある伊勢丹側からは三田会の人間、劣勢の三越からは非三田会の人間がトップに就いたわけだが、そこからは深謀遠慮の跡が読み取れる。三田会をバックボーンとしてきた三越の社員に対し、伊勢丹の合理主義的なトップといえども、同じ三田会の人間なら、それほどひどいことはしてこないだろうという幻想を抱かせた。一方、三越の石塚には三田会のしがらみがなく、伊勢丹側からすれば、思い切った改革に踏み切る際に抵抗を受けにくいという思惑があったはずだ。

発足の翌年になると、経営陣はさっそく、不採算店舗のリストラに踏み切っていく。2009年3月、三越武蔵村山店と三越名取店、5月には三越鹿児島店と三越池袋店が閉店した。同年に閉めたのは、すべて三越の店舗だった。「特にショックだったのは、半世紀以上の歴史を持つ池袋店の閉鎖」と振り返るのは前出のグループ幹部だ。

「池袋は西武や東武もある激戦区ですが、赤字幅がそれほど大きかったわけではなく、自ら白旗を上げて敵前逃亡するのは非常に悔しい思いがした。ただ、統合決定前にすでに、池袋店閉鎖については石塚さんと武藤さんの間で合意に至っていたらしい。副都心線の開通（2008年6月）によって、伊勢丹新宿本店のある新宿三丁目駅と池袋駅が数分で結ばれることになり、商圏が重なるという理由で、伊勢丹側が池袋店閉鎖を強く迫ってきたというんです。でも、問題はそんなことより、むしろ石塚さんのスタンスにあったんです」

2009年半ばになると、武藤は会社にほとんど姿を見せなくなった。体調を崩してしまったのだ。

「相当悪いらしいという話が入ってきて、旧三越三田会のメンバーの間でも動揺が走りました。自分のところの石塚さんより、三田会の武藤さんのほうが信用できたんです。石塚さんは伊勢丹側の顔色を窺うばかりで、三越の人間を守ろうとする意思がまったく伝わってこなかった。三越の店舗が次々に閉店になったのも、防波堤になるべき石塚さんの責任が大きいと言わざるをえない。逆に、やりすぎないように武藤さんのほうが歯止めをかけていた側面があったと思います」

武藤の体調不良により、2009年後半は実質的に石塚ひとりがトップを務めることになった。そんな中で行われたのが、三越社員に対する早期希望退職である。10月中旬から11月末まで募集がかけられ、正社員の4分の1にあたる1600人が退職することになった。その費用は池袋店売却による収入が充てられた。

「割り増し退職金は最大で2000万円。リーマンショックによる就職難が続いていた時期だったことを考えると、大した額とは言えない。次の仕事が見つからないのがわかっていながら、それでも辞めたいと思う三越社員が多かったということです。石塚さんでは当てにならないし、この先も三越いじめが続くだろうと考えると、針のむしろに座り続ける気にはなれなかったのでしょう。旧三越三田会の力も急速に衰えていったんです」(グループ幹部)

2010年1月、療養を続けていた武藤が多臓器不全でこの世を去った。64歳という若さだった。

## 見る影もない旧三越三田会

経営統合後、両社の三田会もジョイントし、「三越伊勢丹三田会」となった。しかし、それは名ばかりで、通常の三田会組織のような結束力は生まれなかった。

「どちらも、定例会以外は旧組織の仲間たちとしか顔を合わせようとしない。相互不信のかたまりだった。なにしろ、待遇面であまりに差がありすぎて、旧三越三田会の人間としては、相手に憎しみさえ覚えるような状況だったんです」（グループ幹部）

統合されても、賃金体系はずっと別だった。三越伊勢丹ホールディングスの発足時、会長の武藤信一は「5年後をめどに賃金も統一する」と語っていたのである。だが、その武藤が2年もしないうちに亡くなり、当初の約束は反故にされ続けた。一時は、伊勢丹の賞与額が三越の4倍近くと、大きく差がついていた。やっと統一されたのは、統合8期目の2015年度。これでは「三田会同士でも仲良くできるわけがない」（三越出身の中堅社員）というのが本音だろう。

2012年2月、社長の石塚邦雄が三越伊勢丹ホールディングスの会長に就任。後継社長に就いたのは伊勢丹の大西洋だった。慶應出身（1979年商学部卒）で、武藤の秘蔵っ子とされていた人物だ。

「三田会というだけで少しは期待したんですが、器がまったく違った。大西さんは武藤さんのように全体の目配りができる人ではなかった。旧三越三田会のことなど、まるで眼中にないように振る舞った」（グループ幹部）

現在の三越伊勢丹三田会の会員数は400名。統合前の三越三田会500名と伊勢丹三田会384名を合わせれば900名近くになるはずだが、わずか8〜9年で半分以下になったことになる。

「旧三越三田会の会員が激減している」とグループ幹部は証言する。今後、それはさらに加速する見込みだ。2017年3月に三越千葉店と三越多摩センター店が閉店。統合してからこれまでの間に、伊勢丹側で閉鎖されたのは吉祥寺店の1店舗だけだ。

「いずれ、三越伊勢丹三田会は旧伊勢丹社員と統合後の入社組だけで固められることになるでしょう」とグループ幹部は予測する。三越が三田会の最重要拠点だった時代は完全に終焉を迎えたのである。

## 2　評議員選を巡って各三田会が集票合戦

三越の現在の姿を見ればわかる通り、三井グループの三田会との関係はだいぶ様相が変わってきている。中核企業の三井銀行は太陽神戸銀行と合併してさくら銀行、さらに2001年、住友銀行と合併して三井住友銀行になった。三井の冠が先にきているが、住友色のほうがかなり強い。三越伊勢丹ホールディングスとよく似た構図である。

東芝三田会（会員数1500名）、三井物産三田会（1000名）、三井住友海上三田会（900名）など、三井グループの中には今でも相当数の三田会会員を抱える企業もあるが、相対的には勢力が弱まっている。三井が三田会の盟主として君臨していたのは、もはや過去の話なのだ。代わって、盟主の座に就いているのは三菱グループである。

東京海上日動三田会（1150名）、三菱東京UFJ銀行三田会（1000名）、三菱電機三田会（834名）あたりが会員数の多い企業だが、三井と比べて特記するところはない。重要なのは規模よりも質。三菱グループ企業もM&Aによって、さまざまな血が入ってきているが、主体はあくまでも三菱側にある。たとえば、三菱東京UFJ銀行。三菱銀行、三和銀行、東海銀行、東京銀行など、ルーツをたどれば、いくつもの行名が出てくるが、常に中心は三菱銀行である。自身のカラーを相手に押しつけながら巨大化していくというのが三菱の形なのだ。三田会も同様で、三菱系の各組織は合併によって別の三田会とジョイントすることになっても、従来のカラーを保ったまま、より強固な三菱グループ三田会として成長を続けるのである。

こうして三田会が強大化していくメリットとは何なのだろうか。「企業、三田会、いずれの組織にとっても特に見当たらない」と話すのは三菱グループの明治安田生命の社員だ。慶應出身で同三田会（会員数505名）に所属している。

「少なくとも、企業にとって突出した学閥はマイナスだし、三田会組織にとっても企業内の融和が壊れるような方向は好ましくない。また、三菱グループ企業の三田会に所属するメンバーが、三井に勝ったからと喜ぶわけではないですしね。そもそも、今の社員で三菱VS三井の図式で考える人なんていないでしょう。強いて三田会メンバーにとってのメリットを挙げれば、情報交換する相手が社内に増えることぐらい。三田会はさまざまな方面に根を張っているので、入っていれば、それだけで得意先の覚えがいいし、伝手もいろいろある。自分のところの三田会が大きくならなくても、すでに十分、そのメリットを享受できる仕組みになっているんです」

出世レースでも、三田会だからといって、それほど有利に運んでいるようには映らないという。ちなみに、明治安田生命の現在の社長は早稲田大学理工学部出身である。

実利以外で三田会に入る理由は、どこにあるのだろうか。母校に対する愛着は当然としても、三田会は他校の単なる同窓会とは明らかに性格が異なる。

「長老と呼ばれる三田会の諸先輩方は、僕ら末端のメンバーの思い入れ以上に、組織に強い執着心を持っている。たぐいまれな名誉欲を満たすに値する価値が三田会にはあるような気がします」

そうした中、目に余る振る舞いをする長老も出てくる。

## 連合三田会を私物化した長老

「慶應ではさまざまな怪文書が飛び交うので、そんなものが送られてきても、大して気にも留めないんですが、この時ばかりはいささか驚きました。糾弾する相手が三田会にとって大御所中の大御所だったからです」と振り返るのは慶應義塾大学の文科系の教授。「福澤諭吉先生の薫陶を守る会」という差出人名で「慶應連合三田会の役員ならびに重鎮の皆さんへ」と題する文書が送られてきたのは2010年1月上旬のことだった。前年末に発売された『週刊新潮』（2009年12月31日・1月7日合併号）の記事を基に、その怪文書は書かれていた。1987年までセイコー第5代社長を務め、当時セイコーホールディングスの名誉会長だった88歳の服部禮次郎（1942年経済学部卒）の公私混同を批判する内容である。

『週刊新潮』の記事のニュースソースは、労働組合からの内部告発文。服部の寵愛を受け、セイコーホールディングスの取締役やグループの小売部門「和光」の専務に就いていたU女史がパワハラを繰り返しているというもの。そのせいでうつ病などを発症した社員は50名以上にも及び、嫌気が差して辞めた者も少なくないという。新潮は記事だけでなく、グラビアページまで割き、台湾から帰国して成田空港に降り立つ服部と36歳下のU女史の2ショット写真を載せている。

この記事を取り上げて、三田会関係者と思われる人物は怪文書を流したわけだが、なぜ、服部を標的としたのだろうか。それだけ、服部が三田会や慶應にとって重要な人物であるからだ。慶應の最高意思決定機関である慶應義塾評議員会の評議員を1964～2006年の42年間、また、連合三田会の会長を1987年以降、ずっと務めていた。いわば、三田会の主流派だが、そうした状況を快く思わない層が少なからずいるということなのだ。

「連合三田会が会長職を置くようになった1963年以降、現在まで9人が会長に就いているんですが、10年以上務めたのは服部さんだけ。会長は名誉職的な色合いが強く、大した権限を持っているわけではないものの、〝三田会の顔〟としての役割を担っていた」

連合三田会の役員のひとりはこう話すが、服部が単なるお飾りではなく、組織を私物化している実態も浮かび上がっていた。常勤局員がいるにもかかわらず、2009年5月からU女史を連合三田会の事務局次長に起用していたのである。彼女の出身大学は上智大で、慶應とは縁もゆかりもなかった。

2010年4月末、事態は急変する。セイコーホールディングスの定例役員会で、元検事総長の原田明夫社外取締役から緊急動議が出され、服部の傀儡だった村野晃一会長兼社長（1960年経済学部卒）の解任を提案。挙手によって可決されると、続いて取締役のU女史の業務執行停止の動議が出され、これも可決された。さらに続けて、和光の臨時株主総会が開かれ、会長兼社長の服部と専務のU女史の解任動議が可決されたのだった。

セイコーグループ内でこれだけの大事件が起きても、連合三田会で服部の立場が変わることはなかった。その後も会長職にとどまり、2013年1月92歳で亡くなるまで、その座に居座り続けたのである。「セイコー内の問題をこちらで忖度《そんたく》することはありません」と連合三田会役員は説明するが、かなり批判の声もあったらしい。前出の文科系の教授は次のように話す。

「三田会の品位を傷つけたのは間違いなく、少なくとも服部さんには引退してもらうべきとの意見が多かったんですが、既得権をがっちり握る主流派の長老たちがそうした声を掻き消してしまった。これまで慶應に多大な貢献をしてきた功労者をむげに扱うわけにはいかないというのが彼らの主張でした」

事実、服部は慶應に対し、莫大な寄付をしていた。慶應病院の新病棟建設の際には、個人で計3億4000万円もの資金を出している。福澤諭吉の研究家としても知られ、福澤諭吉協会理事長を務めるなど、慶應とのかかわりは誰よりも深かった。

2013年2月、服部の「お別れの会」がホテルオークラで開かれ、三田会の関係者を中心に2000名が集まった。世間の目には晩節を汚したと映ったセイコー創業家直系のプリンスも、三田会内では何もなかったかのように、最後まで最高の功労者として扱われたのだった。

## 白紙の投票用紙5枚がノルマ

結局、服部禮次郎の怪文書問題は三田会内に限れば、うやむやのうちに収束したが、この騒動にはもうひとつの側面がある。2010年はさまざまな怪情報が飛び交いやすい年だったのだ。4年に一度の慶應義塾評議員会選挙が行われたからである。

「怪文書で服部さんを俎上《そじょう》に載せたのも、本人をおとしめようというより、三田会の主流派に一撃を加えて、評議員選でプレッシャーをかけようとの意図があったと思います。見事、空振りに終わってしまうわけですが……」（文科系教授）

評議員会はあくまでも、学校法人内の機関である。そこになぜ、親睦団体の三田会が絡んでくるのか疑問が残るところだが、それについては後述する。

通常、私立学校法人の意思決定は理事会に委ねられているが、慶應の場合は評議員会がその上位にあり、塾長や常任理事の選任、予算・決算の承認、学部新設の承認など、強い権限を有している。

では、評議員会の下に位置づけられる理事会に権限がないかといえば、そうとも言いきれない。9名いる常任理事は慶應義塾大学の元および現役の教授。理事は23名中12名が学部長等。あとの11名は財界の重鎮たちと医師、弁護士、元美術館幹部らで、全員が評議員にも名を列ねている。要するに、理事会と評議員会は一体化しており、理事会や選挙で決定したことを評議員会が追認する形になっている。否決も可能とはいえ、評議員会の権限はたぶんに形式的な色合いが強いのだが、評議員になるというのは、学外にいる塾員たちの頂点に立った気分にさせてくれるものらしい。

評議員の定数は95~101名（現在99名）。その内訳は、慶應の学部、一貫校、研究所、職員から選ばれる教職員評議員が15~16名、前期の評議員会が推挙する推薦評議員が24~25名、評議員が選ぶ塾員評議員が28~30名で、残り30名が選挙で選ばれる卒業生評議員となる。投票権を持つのは慶應の卒業生全員。2014年秋に行われた第34期評議員選の場合、塾員35万人のうち、住所が判明している30万人に投票用紙が送付され、投票したのは約3割、10万人弱。候補者は56名だった。

卒業生評議員30名の枠をめぐって、毎回のように激しい選挙戦が繰り広げられるのだが、そこに三田会が大きくかかわってくる。ほとんどの候補は、各三田会の集票活動なしには当選がおぼつかないからだ。

「立候補者の大半は企業の幹部ですが、自分のところの三田会だけでは足りないので、得意先にも声をかけることになる。2010年の第33期評議員選では私も集票活動に動員されました」と話すのは小売業関連の三田会に所属する人物。自身が勤める企業からではなく、取引先のメーカーの幹部が立候補し、協力を依頼されたのだという。「白紙の投票用紙を最低5枚集めるのがノルマ。提供してくれた塾員には3000円分の商品券を渡しました」と打ち明ける。

実はこの2010年の評議員選では、投票用紙と一緒に〈行き過ぎた集票行為に対して、品位を欠くものであるというご批判を頂戴しております〉と始まる投票案内が送られ、投票する際には本人が自筆で記入し、自署・押印しなければ、無効になる旨が付け加えられた。それまでも投票用紙の譲渡は禁止されていたが、そうした条項はほとんど無視されてきた。しかし、集票合戦のあまりの過熱ぶりに塾員の間からも批判が出るようになり、選挙管理委員会も重い腰を上げたのである。

「自筆といってもチェックできるわけもなく、押印だって実印ならともかく三文判でいいわけですから、ほとんど意味がない。次の2014年の評議員選には私はかかわりませんでしたが、相変わらず白紙の投票用紙集めが横行していたようです。私のところにも白紙を提供してくれといってきましたから」

それで誰かがお咎めを受けたという話は出ておらず、規制強化を謳ってみたものの、ほとんど有名無実化している。そもそも、選挙管理委員会を擁する塾監局（慶應義塾全体の運営を担う事務局）自体、それほどやる気はないという声もある。

「各三田会同士、うまくやってくれというのが本音でしょう。あまり介在したくないんです。とはいっても、マスコミの目が気になる。雑誌や新聞で、慶應では選挙のたびに醜い争いを繰り返していると取り上げられることが多くなり、当局も何らかのポーズを見せる必要が出てきた。ただ、その原因をつくったのは評議員選というよりは、塾長選挙にあったと思います」（文科系教授）

## 塾長の独裁体制に反旗

慶應の塾長は、学長と理事長の役割を兼任する組織の絶対的トップだが、２００９年４月の塾長選挙は予想外の流れになった。その話に入る前に、選挙の仕組みを説明しておかなければならない。少々、複雑なのだ。

候補者は、大学の全10学部と一貫教育校、職員の12部門がそれぞれ、第一次塾長候補として2名ずつ推挙する。こうして候補に挙がった24名を2回の予備選によって、5名→3名と絞り込んでいく。選挙人は12部門から選出された４５０名で、３名連記で投票する。

予備選を経て残った3名の候補者は、塾長候補者銓衡《せんこう》委員会（銓衡＝選考）で1名に絞られる。銓衡委員会の構成は評議員会議長1名、評議員会において互選された者13名、かつて塾長たりし者1名、各学部長10名、大学以外の学校の校長のうちから互選された者1名、部長以上の職員のうちから互選された者1名となっている。この段階で初めて、評議員会が影響を及ぼすことができるわけだ。最後まで残った塾長候補者1名は、評議員会に推挙され、3分の2以上の同意を得て、新しい塾長に選任される。

2009年の塾長選挙の1回目の予備選で残ったのは、2001年から2期8年塾長を務める安西祐一郎（1969年工学部卒）、商学部長の清家篤《あつし》（1978年経済学部卒）、法学部長の国分良成（1976年法学部卒）、元経済学部長の細田衛士《えいじ》（1977年経済学部卒）、医学部長の末松誠（1983年医学部卒）だった。ここで焦点となっていたのは3期目を目指す安西だった。「三田会としては、安西さんにこれ以上続けてもらったら困るという意見が大勢を占めていた」と明かすのは連合三田会役員だ。

「安西さんについては、だいぶ前からいろいろ内部告発文が出ていて、問題視する三田会員が増えていたんです。ハコモノを次から次につくり、そのたびに各三田会や塾員たちに寄付金を要求。その一方で、金融取引の失敗によって2008年末に225億円もの含み損が出ていたことが発覚。その後さらに含み損は膨らみ、400億円を超えるまでになっていた。この人にこれ以上、慶應のトップは任せられないとの声が日増しに強くなっていったんです」

安西がもし最後のひとりに残っていたら、評議員たちに働きかけ、決定を覆してやると息巻く三田会の重鎮もいたという。結局、この塾長選挙では評議員会の出る幕はなかった。2回目の予備選で、安西は3名に残ることができず、そこで塾長3選の目が断たれたのである。

予備選を勝ち抜いたのは清家、国分、細田の3名。銓衡委員会で清家に絞られ、評議員会で第18代塾長に選任された。なお、2012年3月に慶應義塾規約が改正され、塾長任期は2期8年までとなった。

「安西さんは2期目の2008年、各学部の教員全員の推薦・投票を経て決める学部長の指名権を塾長に移そうとしていた。自身の権力基盤をより強化して、さらなる長期独裁政権を目指したんですが、こうしたことが起こらないように、規約を改正することになったんです」(文科系教授)

清家は2013年の塾長選挙で再任されたが、2017年5月で新塾長に交代することになる。

## 慶應病院前に街宣車が連日押しかける

週刊誌を中心に複数のメディアが2009年の塾長選挙を取り上げたが、それは安西祐一郎が3選を阻まれたとか、著名な建築家の清家清の息子が新塾長に選ばれたという理由だけではなかった。むしろ注目されていたのは、2回目の予備選で安西とともに落選した医学部長の末松誠だったのである。

2009年春、東京・信濃町の慶應義塾大学病院前には連日のように街宣車が押しかけ、がなり声を上げていた。「何ごとかという感じでしたね」と振り返るのは当時、同病院に入院していた近隣の地域三田会のメンバー。

「ターゲットになっていたのは末松医学部長と、安倍晋三首相の主治医だった日比紀文消化器内科教授(当時、1973年医学部卒)。何を喋っているか、よく聞き取れないんですが、円天マネーを貪った国賊とか、慶應医学部の恥とか言っていました。自分のことではないのに、三田会の人間として、消え入りたいような恥ずかしい気持ちになっていました」

街宣車は慶應病院前でのパフォーマンスを終えると、末松の自宅前まで出向き、拡声器で騒ぎたてた。こうした攻撃は、塾長選挙の予備選の直前まで続いたのだった。

発端は2008年9月1日の『朝日新聞』の記事だった。疑似通貨「円天」を使った巨額詐欺事件を起こした健康食品販売会社L&Gから、広告塔になっていた慶應医学部のM元准教授が多額の資金を受け取っていたというもの。その後、『週刊文春』が、末松や日比がM元准教授を通して、たびたび接待を受けていた事実を報じた。

元はといえば、こうした接待の費用は、L&Gがマルチ商法によって全国5万人から集めた1000億円を超える資金から出ているのだ。それに右翼団体が噛みついたわけだが、だからかどうかはともかく、予備選の2回目では末松は候補者5名中最下位だった。同年7月に行われた医学部長選でも、再選を目指す末松に対する怪文書が乱れ飛んだが、それらが結果を左右することはなく、末松が勝利した。

結局、末松は4期（1期2年）、医学部長を続け、2015年4月、安倍首相の肝煎りで発足した日本医療研究開発機構の初代理事長に就任。後任の医学部長に就いたのは、生理学教授の岡野栄之《ひでゆき》（1983年医学部卒）だった。

「岡野先生は末松先生の慶應医学部の同期。末松先生は1浪しているので1歳上で、岡野先生とは親分子分のような関係だった。医学部長選は3名の候補が立ち、末松先生の支持を受けた岡野先生が順当に勝った。いわば、末松先生から禅譲されたと言ったほうが当たっているでしょう。医学部は慶應の中でも特にヒエラルキーがはっきりしている組織なんです」（慶應医学部教授）

慶應医学部は「三四会」という三田会組織を持っている。三田会にはヒエラルキーはないと前述したが、9700名の会員を擁するこの三四会には明らかに階級的な関係が存在している。

## *3* 三田会に持ち込まれた医学部のヒエラルキー

「福澤諭吉先生の〝天は人の上に人を造らず人の下に人を造らず〟の言葉がまったく通用しないのが慶應の医局の世界」と話すのは慶應病院の40代後半の講師。慶應医学部を1990年代半ばに卒業した。「研修医時代は奴隷労働を強いられてきた」と振り返る。

「1～2年目の初期研修医時代にもらっていた給与はわずか月2万5000円。医局の幹部である講師以上の先生たちの中には『教えてやっているんだから、むしろこちらがカネをもらいたいぐらい』と平気で口にする人も珍しくなかった。あの頃はまだ、医局が絶対の時代でしたから、そのヒエラルキーから外れることは、医師としては死を意味する。上に対して文句を言おうものなら、へんぴな土地のさびれた病院に飛ばされ、一生帰ってこれないなんてことにもなりかねなかった」

慶應医学部の学生は裕福な家庭の子弟が多いが、医師（研修医といえどもれっきとした医師である）になった以上、いつまでも親のすねをかじるわけにもいかない。給与以外の収入を得るしかないのだが、慶應病院での当直は一晩で5000円ほど。結局、他院でのアルバイト（当直すれば最低3万円程度は稼げる）に精を出すことになる。

「そうした事情を幹部たちはわかっているはずですが、自身も通ってきた道だと、見て見ぬふり。研修医の事情など、教授にとってはどうでもいい。犬以下の扱いなんです」

教授を頂点とするヒエラルキーをつくっているのは「医局講座制」というシステム。医学部の各講座（教室、研究室）と大学病院の各医局（診療科）の陣容を同一化する方式である。かつて、明治政府が東大医学部を開設するにあたって、ドイツに倣って採用したものだ。福澤諭吉は政府の方針に反発。ドイツのような研究重視の縦割りではなく、臨床に重きを置く横割りのイギリス方式を採用すべきと主張した。その福澤の理念は北里柴三郎に引き継がれ、慶應医学部創設につながっていく。

ところが、医局講座制を否定したはずの慶應もまた、次第に東大と同様の権力構造を構築していくことになる。そのほうが運営する側にとっては便利だったからだ。権力を教授に集中させ、支配下の人材を思うがままに動かすことによって、関連病院への医師派遣を容易にした。また、研究機関としての役割も担う大学病院の経営維持は莫大な費用がかかり、研修医のタダ同然の労働力が不可欠だったのである。

だが、1998年に関西医科大学附属滝井病院で起きた研修医の過労死事件によって、情勢は大きく変わっていく。事態を重く見た政府が研修医制度の改革に踏み切ったのである。2004年4月に施行された新医師臨床研修制度では、初期研修医のアルバイトを禁止する代わりに、月30万円程度の給与を支払うようにとの提言が盛り込まれた。

「新制度が施行されても、慶應病院は当初、月10万円に満たない額しか、初期研修医に払わなかった。しかし、条件面ではるかに上回る研修病院が次々に登場する中で、慶應に研修医が集まらなくなってしまったんです。新制度初年度は募集定員を割り込んでしまう事態に陥った。慶應の名があればなんとでもなると高をくくっていた教授たちも青くなり、あわてて待遇の見直しにとりかかったんです」（講師）

その後、初期研修医の給与は30万円に跳ね上がり、募集定員を割り込むようなことはなくなった。なんとか体面を保ち、慶應ブランドの失墜は免れたが、実はいまだ、研修医の残酷物語は続いている。2年の初期臨床研修期間が終わると、次のステップの後期臨床研修（原則4年）に入るが、習熟度は以前よりもアップしているにもかかわらず、給与が激減してしまうのだ。常勤（週5日勤務）で月約16万6000円、非常勤だと週27時間勤務で月約9万6000円である。

「実は当初、専修医（後期研修医）は無給だったんです。ところが、新医師研修制度施行以降、研修病院同士で医師の取り合いになり、2次募集をかけても定員が埋まらない診療科が出てきた。これではまずいというので、2009年4月以降やっと、慶應病院でも給与を出すようになったんです。それでも安すぎるため、専修医の多くはアルバイトに励むしかないというのが実情です」（講師）

こうした厳しい状況がありながらも、再び慶應病院に研修医が集まるようになってきているという。「開業するにしても、勤務医になるにしても、将来を考えると、慶應の名前はまだ捨てたものじゃないということなんでしょう」と講師は推測する。

## 慶應医学部を創る原動力となった北里の怨念

慶應の名前が医学部や病院にとって、その質を維持するのに非常に役立っているのは間違いないが、一方で慶應ブランドの価値を高めているのは医学部の存在があればこそとも言える。それは、医学部を持たない早稲田との比較において明らかだろう。医学部の有無がブランド力を左右している事実は否定できない。医学部創設に関しては、早稲田と少なからず因縁がある。正確にいうと、早稲田そのものではなく、創立者の大隈重信に対する北里柴三郎の怨念である。

元々は、北里にとって遺恨の相手は自身の出身大学、東大だった。北里はドイツ留学中に、東大の重鎮である緒方正規《まさのり》教授が唱える脚気の細菌説を否定する論文を現地の専門誌に発表。それ自体はまったく正しいものだったが、権威を傷つけられたと怒った東大は、北里が帰国してもポストを与えなかった。干された北里に手を差し伸べたのが福澤諭吉である。北里は福澤の援助によって1892年、私立伝染病研究所（現東京大学医科学研究所）を設立。初代所長に就任した。1899年に所管が内務省に移され、私立から国立に変わった。

しかし、東大は北里にさらなる嫌がらせを仕かけてくる。1914年、当時の大隈内閣が伝染病研究所の所管を内務省から文部省に移し、東大との合併を決めてしまったのである。移管に反対した北里は所長を辞任するが、実質的には追い出されたも同然だった。

一連の謀略を画策したのは、東大医学部の前身、東京帝国大学医科大学の青山胤通《たねみち》・学校長だった。内科の最高権威である青山は大隈首相の主治医を務めていた。２人は囲碁仲間でもあった。青山は必ず毎週一度は大隈邸に往診に訪れ、診察が終わると碁盤を囲むのが決まりになっていた。その青山が大隈に進言し、伝染病研究所を北里から奪い取ったのだ。この時の北里の怒りが、すでに亡き福澤諭吉の念願でもあった慶應医学部創設につながっていく。東大という権威、さらには大隈という権威に立ち向かう反骨精神が〝私大医学部の雄〟を誕生させる原動力となり、それは東大に対抗しうる唯一の民間組織として昇華していくのである。

〝人の上に人を造らず〟の理念は慶應医学部でもっとも発揮されるはずだった。慶應に医学部が誕生するまでは、東大医学部が日本医学界における唯一無二の存在だった。全国に次々に開校する医学校に、東大から数多くの教職者が送り込まれ、東大を頂点とするヒエラルキーが出来上がりつつあった。そうした権力構造に立ち向かうには、明確に〝アンチ東大〟を前面に押し出す必要があった。それが組織の横割りであり、〝病気しか診ない〟

研究重視の東大に対する、〝人を診る〟臨床重視の姿勢だった。

しかし、「研究の東大」「臨床の慶應」と言われたのも今は昔。慶應もまた、教授を頂点とする権威主義が支配するようになっていった。そして、慶應医学部の三田会組織「三四会」でも、〝人の上に人を造らず〟の理念は忘れ去られていくことになる。ただし、少なくとも三四会の初期の段階では、福澤や北里の精神が生きていた。

北里が三四会をつくったのは、医学部（当初は医学科。学部になるのは3年後）の創設と同じ1917年。三は慶應の本拠地・三田で、四は四谷を意味する。同年、信濃町に病院と校舎の用地を購入し、それが旧四谷区にあったことから四の文字を同窓会の名称に使ったのだった。

「北里先生が卒業生もまだいない初年度から同窓会を組織したのは、慶應医学部の結束力を高めようと意識してのことだと聞いています。教授から学生まで一丸となって東大に立ち向かうという思いを込めたのではないでしょうか」（医学部教授）

東大医学部のルーツは1858年に開設された神田御玉ヶ池の種痘所とされている。そこから半世紀以上も遅れてスタート地点に立った慶應医学部を、いかに東大医学部に追いつかせるかを模索した時、北里は同じ手段を取らなかった。ドイツ留学で、縦割り方式を間近に見聞きしてきたにもかかわらずである。手っ取り早く組織を形づくるには便利な方式だが、副作用も大きいと考えたのだろう。医療本来のなすべき道を目指し、横割りによる結束力をもって、巨大な相手に対抗しようとしたのだ。そして、それを円滑に進め、より強固なものにするために、横割りの同窓会組織・三四会が必要だったのである。

「時間が経つにつれ結局、慶應も東大と同じように〝白い巨塔〟化していく。医局内にいると、誰もが上昇志向を持つようになるんです。それがそのまま、三四会にも反映されるようになっていった」と話すのは前出の講師。開業するか、慶應とまったく関係のない病院の勤務医にならない限り、いつまでも医局の支配下に置かれることになる。その上下関係は、どこに行っても付いて回る。三四会に出席する時だけ、無礼講というわけにはいかないのだ。

「たとえ開業しても、医局との関係を完全に断ち切れる人は少ないと思います。自分のところでは手に負えない患者を大きな施設に回したい時、紹介先として慶應病院を持っていることは何かと便利なんです。それに、慶應との関係が患者にアピールできれば、医院の価値も高めてくれることになる。医局幹部と末永く良好な関係を保つためにも、三四会での接点が非常に重要になってくる。親睦会のゴルフがあれば必ず出て、そのあとで教授た

ちにいろいろ接待するんです」（都内の開業医）

## 共立薬科大の三田会入りに難色

慶應医学部を語る際、もうひとつ忘れてはならないポイントがある。主に開業医の利益誘導団体となっている日本医師会の存在である。慶應医学部がスタートする前年の1916年、医業者の権利拡大を目指して、北里柴三郎が設立。北里は初代会長に就いた。これも初期の三四会と同様、横割りの組織で、結束は非常に強かった。その組織力を生かして、設立の翌年の総選挙で14名もの医師議員を帝国議会に送り込んでいる。

日本医師会での慶應の占める位置は大きく、第11代会長・武見太郎（1930年医学部卒）までの65年間余で、54年間を慶應医学部関係者が会長を務めた。その後は慶應の影もだいぶ薄くなっているが、25年間会長を務め、天皇とも呼ばれた慶應出身の武見の強烈な個性が日本医師会の多くを体現してきたといっても過言ではない。〝ケンカ太郎〟の異名を持つ武見は、官僚や政治家と徹底的にやり合い、開業医の権利を伸長。日本医師会のみならず、慶應の政治力拡大にも貢献した。

「武見さんは慶應医学部を卒業すると内科の医局に入ったんですが、教授とケンカして、理化学研究所に行ってしまう。その後は東京・銀座で診療所を開業するんですが、慶應と縁が切れることは決してなかった。むしろ、誰よりも強い愛校心を持っていた。三四会の会長も務め、組織のテコ入れや、焼失した保養施設・赤倉山荘（新潟県妙高市）の再建など、中心になって尽力するんです。日本医師会のみならず、三四会にとっても最大の功労者と言えると思います」（慶應医学部OB）

面倒見もよかった武見だが、その反面、排他的な要素も強く持ち合わせていた。独裁者として振る舞った日本医師会では、自分の意に沿わない医師がいれば、追い出しにかかった。三四会ではそこまでの暴君ぶりは見せなかったものの、何事も自分の思い通りに運ばなければ気が済まなかった。

「1960年代後半、学生を中心とする医学部新聞部が制作していた『慶應義塾医学部新聞』が左がかっているとして、武見さんは新聞の運営を三四会に移し、自ら発行人に収まってしまった。この医学部新聞を使い、慶應執行部の批判を展開。1974年には、その前年に就任した久野洋塾長（1944年工学部卒）や、日本銀行総裁を務めた宇佐美洵《まこと》評議員会議長（1924年経済学部卒）に対する辞任要求キャンペーンを張ったりもした。三四会は単なる同窓会のレベルを超えたおどろおどろしい一面を垣間見せたんです」（慶

應医学部OB）

こうした仰々しさは、武見という圧倒的なキャラクターによる部分が大きいが、本当に個人にだけ帰する事象なのだろうか。三四会をはじめとする各三田会が持つ秘密結社的な性格が表面化したとも言えるのではないか。三田会は慶應出身者に対して開かれた組織である一方、ある意味で非常に閉鎖的な側面を持ち合わせている。それが如実に現れたのは、慶應が共立薬科大学を統合した時だった。「連合三田会側は当初、共立薬科大学同窓会を三田会に入れることはできないと言ってきたんです」と話すのは旧共立薬科大の関係者だ。

慶應と共立薬科大の合併方針が発表されたのは２００６年11月。その後、合併契約書の締結・調印を経て、２００８年４月、慶應義塾大学薬学部として、新たなスタートを切った。

共立薬科大の前身の共立女子薬学専門学校が設立されたのは１９３０年。２００８年３月に卒業した学生が共立薬科大としての最後の卒業生となった。その70数年の間に巣立っていった学生は１万２０００人近くに及び、全員が共立薬科大学同窓会に加入していた。

「こちらとしては三田会に入れてほしいと、連合三田会に希望を伝えたんです。ところが、向こうの答えは我々の気持ちを逆撫でするようなものでした。今後、慶應薬学部から卒業する人間は新たに三田会を結成してそこに入ってもらうことになるが、共立薬科大学同窓会にはそちらの歴史があるのだから、三田会とは別個に単独で存続してくださいと言うんです。つまり、存命中のこちらの会員約1万1000人は三田会には入れられないというわけです。しかし、いくら名前が慶應に変わるからといっても、歴史がそこで途切れるわけではない。あまりの料簡の狭さに呆れました」（旧共立薬科大関係者）

連合三田会の役員のひとりは次のように話す。

「元々は慶應と関係のない集団が三田会に加わることに違和感を持つ会員が少なくなかったのは事実です。それも1万人を超えるとなると、医療系の三四会と紅梅会（看護医療学部同窓でつくる三田会、会員数7494名）の人数をいきなり超えることになる。連携はとりながらも、とりあえずは別組織でいこうという話になったんです」

結局、慶應薬学部が2008年に発足すると同時に、共立薬科大学同窓会の三田会入りが認められた。「のけものにするようで、のちに遺恨を残すのはよくない」という意見が出たからだ。ただし、すべては慶應側のペースで進められた。新組織の名前は「KP三田会」。共立薬科大の名前は見事に消されている。Pは薬学（pharmacy）、Kは慶應と共立の両方の頭文字を意味するとのことだが、こうした扱いでは共立薬科大の名前が世間の人々の脳裏から忘れ去られるのは時間の問題だろう。

何より、この一連の過程で三田会が見せたのは、他の血が入ってくるのを非常に警戒しているということだ。隔離された秘密結社的要素を三田会がどこかに持ち合わせていることを示している気がしてならないのである。

## スカル&ボーンズとの類似性

筆者は10年近く前、月刊誌『ZAITEN』で「軽薄なる日本版フリーメーソン『慶應三田会』が経済界を席巻する」という記事を書いたことがある。いくつかの企業三田会を取り上げ、三田会の秘密結社性をあぶり出そうとしたものだが、ひとつだけ悔いがあるとしたら、フリーメーソンを引き合いに出したことだ。むしろ、三田会が近いのは、アメリカの名門イェール大の友愛組織「スカル&ボーンズ」ではないかという気がしだしたからである。

スカル&ボーンズがアメリカのみならず、世界の注目を集めたのは2004年の大統領選。2期目を目指す共和党候補ジョージ・W・ブッシュ第43代大統領、民主党候補ジョン・ケリー、ともにイェール大出身でスカル&ボーンズのメンバーだったからだ。特にブッシュ家は、祖父プレスコット・ブッシュ、第41代大統領だった父ジョージ・H・W・ブッシュと、3代続けて同会に入会していた。そのうち2人も大統領が誕生しているわけだが、スカル&ボーンズが送り出した大統領はブッシュ家以外では第27代のウィリアム・ハワード・タフトがいるだけで、政界よりもむしろ、財界で大きな力を発揮してきた。その点では、三田会と非常によく似ている。なお、タフトの父で、陸軍長官や司法長官を務めたアルフォンソ・タフトは、スカル&ボーンズ創設メンバーのひとりである。

スカル&ボーンズと深い関係にあったのはハリマン財閥。アメリカで最大のプライベートバンク「ブラウン・ブラザーズ・ハリマン社」はその中核企業だが、創業時の共同経営者10人のうち8人がスカル&ボーンズの会員だった。その中心のウィリアム・アヴェレル・ハリマンは1948年に結成されたアメリカ対日協議会のスポンサーで、ケネディ政権下では極東担当国務次官補を務め、日本の戦後政策にも深くかかわっている。また、このブラウン・ブラザーズ・ハリマン社の共同経営者にはプレスコット・ブッシュも名を列ねていた。

こうしたスカル&ボーンズの財閥との関係の構築は、三田会と三井、三菱とのそれとよく似ている。三井の中上川彦次郎、三菱の荘田平五郎など、慶應出身のキーパーソンが三田会人脈をフルに使い、財閥の発展に寄与した結果、その関係が密になっていったのである。さらに言えば、企業グループ内の三田会が人と人を深いところでつなぐ結社的な性格を持ち合わせることで、より効果的な進化をもたらしたと考えられるのだ。

巨大企業グループとの関係以外に、もうひとつ、スカル&ボーンズと三田会には共通点がある。どちらも、名門商家の御曹司が多い点だ。スカル&ボーンズに加入するメンバーの中にはホイットニー家、スティムソン家をはじめとして、アメリカ北東部の有力な商家の子弟が数多くいる。三田会については、これまでレポートしてきた通りだ。そういった人脈が職域三田会や地域三田会でのネットワークにつながり、個別のみならず、財界全体に及ぶスケールになっても、圧倒的な存在感を見せつける力になってきた。

ただ、この2つの組織には大きな違いもある。入会のハードルの高さと、おどろおどろしさの度合いである。三田会が慶應の卒業生ならほぼ無条件で入会できるのに対し、スカル&ボーンズはイェール大の3年生の修了時に15名だけがメンバーとして選出される。その選び方の基準は不明だが、名門の一族や富豪の子息が多いことから、すでにある上流階級のネットワークからピックアップしている可能性が高い。そうした意味では、第4章でレポートする慶應幼稚舎とも通じる部分がありそうだ。

おどろおどろしさに関しては、三田会はまったく太刀打ちできないだろう。まず、エンブレム。会の名の通り、頭蓋骨と2本の骨を描いた図は気味の悪さを演出するには十分である。骨の下には「322」という数字が刻まれている。これは、古代ギリシアの弁論家デモステネスが亡くなった紀元前322年を意味しているらしい。かつては、スカル&ボーンズのメンバーになった証として、322の数字が刻まれた車のナンバープレートを盗んでこなければならなかった。それを同会がイェール大キャンパス内に活動拠点として造った建物の内壁に飾るのだ。

さらに、おぞましさを増幅させる話もある。第一次大戦中にメンバーたちがアメリカ先住民の英雄であるアパッチ族の酋長ジェロニモの墓を暴き、頭蓋骨を持ち去ったというのだ。ずっと噂の域を出なかったが、2006年に盗掘について書かれたメンバーの手紙が見つかり、信憑性《しんぴょうせい》が増している。なお、盗掘を実行したメンバー6人の中に、プレスコット・ブッシュも加わっていたと伝えられる。

入会の儀式も異様である。新入メンバーは棺桶に裸で横たわって、自身の性体験について語らなければならないというもの。メンバーは入会の際、スカル&ボーンズの秘密について口外してはならないと誓約させられるため、この手の話は断片的にしか出てこないが、かつて行われていたのは半ば本当だろう。個人をさらけ出すことによって、結束力をより強めるのである。ただ、１９９１年秋以降は女性の入会も認められるようになり、まさか彼女たちにそうした儀式を強要するわけにもいかず、同会の持つおどろおどろしさもだいぶ薄れてきたようだ。

# 第4章　日本のエスタブリッシュメント「幼稚舎」

# 1　蹴球部のプライドを再興した男

１９８６年1月15日、国立競技場に黒と黄色の縞のジャージが躍動していた。第23回日本ラグビーフットボール選手権大会（日本選手権）で、慶應蹴球部はトヨタ自動車を18対13で破り、初優勝を遂げた。前半はトヨタがスクラムを故意に崩すコラプシングの反則をとられ、慶應がペナルティゴールを決め３対０で折り返す。後半はトヨタにドロップゴールを決められ同点に追いつかれたが、慶應がトライとゴールキックを決め９対３（当時はトライ4点）。その後、再び追いつかれたが、ペナルティゴールとトライを決めトヨタを突き放した。社会人を相手に堂々の勝利だった。

１９８５年度は奇跡の連続だった。前年度のシーズンが終わった3月、蹴球部創部85周年を記念して、ＯＢを含む全慶應で初めてイングランド遠征を敢行した。５戦して２勝。その中には名門オックスフォード大学を29対10で破る大金星も含まれていた。日本の単独チームとしては初の快挙だった。

しかし、１９８５年度の大学チームは多難が予想されていた。蹴球部史上最強の呼び声も高かった前年度のチームからレギュラーが8人も抜けていた。シーズンが始まると案の定、苦戦続きだった。関東大学ラグビー対抗戦グループで日体大と早稲田に敗れ4位に沈んだが、交流試合で日大に勝ち、かろうじて大学選手権への出場権を得たのだった。大学選手権では大体大、早稲田に勝ち、決勝に駒を進め、明治と12対12で引き分け、同点優勝。抽選で日本選手権への出場切符を手にし、強豪のトヨタを破り、日本一の栄冠を手にしたのだった。

正式には「慶應義塾體育會蹴球部」。1899年に発足した日本初のラグビーチームである。その歴史と伝統を感じさせたのは、日本選手権終了後、国立競技場からほど近い秩父宮ラグビー場クラブハウスで祝勝会が開かれていた時だった。試合で先制のペナルティゴールを決めた青井博也の父・達也が駆けつけ、息子の肩を何度も叩き、称賛の声を上げていたのだ。青井達也は蹴球部のOBで、現役時代は日本代表にも選ばれたセンター（CTB）の名選手。蹴球部の三田会組織「黒黄会」では会長も務めた。

その青井達也が息子たちの快挙に誰よりも興奮していた理由は、1969年1月15日までさかのぼる。慶應は初めて日本選手権に出場し、花園ラグビー場でトヨタと対戦。16対44の大差で敗れた。だが、まったくチャンスがないわけではなかった。前半22分、アップ

&アンダー（球を高く蹴り上げて殺到する攻撃）からインゴールで球を押さえ、逆転トライかに見えたが、判定は無情にもノックオン（球を前に落とす反則）。これを境に流れはトヨタに傾き、あとは一方的な試合になった。この時の監督が青井だったのだ。その時、味わった悔しさを27年後に息子たちが晴らしてくれたのだった。

この試合の殊勲者は控えも含めた選手18人であるのは間違いないが、もうひとりの立役者がいる。監督を務めた上田昭夫（１９７５年商学部卒）である。

## ラグビー人生の始まりは小学5年

父は慶應義塾大学病院に勤める医師という家庭に生まれた上田昭夫のラグビー人生は、近代的な私学の小学校ではもっとも古い歴史を持つ慶應義塾幼稚舎から始まった。

幼稚舎から入学した場合、途中で退学することがなければ、少なくとも幼稚舎6年、中学3年、高校3年、大学4年の16年間を慶應ですごすことになる。幼稚舎の場合、クラス替えがなく、1クラス36人（1学年4クラス）が6年間ずっと同じクラスで机をともにする。その後も偶然が重なれば、16年間ずっと同じ教室に通っていたということもありえる。

ともかく、幼稚舎からの生徒は、中学から入学してくる生徒が入り込む余地がないほど、すでに同級生同士で濃密な関係が築かれている。それは同じクラスの級友だけではない。幼稚舎では5年生になると、クラブ活動を始める決まりになっていて、そこでの出会いも将来にわたって大きく影響してくる。野球部、テニス部、演劇部といった定番に加え、ラクロス部やクライミング部といった小学校ではまずお目にかかれないクラブもある。幼稚舎では、教員が自分のやりたいクラブを開いて構わないということになっているのだ。

幼稚舎出身の有名菓子店の御曹司にインタビューした時、クラブ活動の話題になった。

「それまで違うクラスの子と話す機会があまりないので、クラブ活動はとても大事なんです」と話す御曹司が入ったのはブラスバンド部。パートはセカンドトロンボーン。隣でファーストトロンボーンを吹いていたのが男性アイドルグループ「嵐」の櫻井翔だった。「将来はサッカー選手になりたいと語っていたんですが、まさかジャニーズ事務所に入るとは……。でも、近くにいた同級生が華やかな世界で活躍しているのは嬉しいですね」と振り返る。

そうした中で、もっとも強い絆で結ばれるのがラグビー部に入った生徒たちだ。小学生にこれだけハードなスポーツは早すぎるような気もするが、学校側としても「ひとりはみんなのために、みんなはひとりのために」というラグビーの精神が早いうちから植えつけられるメリットは代えがたいものと考えているのだろう。上田昭夫も5年生からラグビーを始めた。

幼稚舎でラグビーと出会った生徒たちは大学まで続けるケースが多い。すっかりラグビーの魅力に取りつかれてしまうからだ。仲間との連帯意識はまさに三田会そのものである。

大学に上がると、1年生の上田は関東大学ラグビー対抗戦の1試合目からスタンドオフとして起用された。相手は教育大（現筑波大）。格下に9対38と大敗し、敗因のひとつにハーフバックス（スクラムハーフとスタンドオフ）の1年生コンビの経験不足が挙げられた。以降の試合で、上田に出場の機会が与えられることはなかった。慶應は交流試合にも負け、その年度、大学選手権への出場を逃した。

2年目からは、上田はスクラムハーフに起用された。上田の身長は160センチ、体重60キロ。スクラムハーフは敏捷性が求められ、小柄な選手が就くことが多いポジションだが、そんな中でも上田の体は小さかった。幼稚舎時代からの長年の経験で研ぎ澄まされていった判断力で、見劣りする体格をカバーした。

しかし、この年度はレギュラーとして定着することはできなかった。明治に21対34、早稲田に3対19と大敗すると、交流試合以降は出場メンバーから外された。慶應は日大との交流試合に勝ち、3年ぶりに大学選手権に出場したが、準決勝で早稲田に9対22で再び敗れ、シーズンは終わった。

この年度から、フォワードで試合に起用され始めたのが幼稚舎で上田の1学年上の武見敬三（1974年法学部卒）だった。父は第3章で登場した武見太郎。テレビのワイドショーの司会やニュースキャスターを務めたのち、政治家に転身した。現在、参議院議員4期目である。

上田と同様、幼稚舎5年生からラグビーを始めた武見は、その経験がアイデンティティを形成するもっとも大切な要素のひとつになっているのだろう。公式サイトの略歴には〈小学校5年生ラグビー部所属、ラグビー東京都6中学リーグ戦優勝、全国高校ラグビー大会第三位（夢の花園ラグビー場）、全国学生ラグビー選手権大会第三位（レギュラー選手）〉と誇らしげに書かれている。

武見に限らず、一貫校出身のラガーマンは蹴球部や慶應への帰属意識が非常に強い。その度合いは、どの時点で慶應に入ってきたかで違ってくる。帰属意識は下（塾高・志木高→普通部・中等部→幼稚舎）にいくほど、より強くなっていくのである。大学からの入学組はなかなか、チームに溶け込んでいくのは難しい。ラグビーは単にパワーや技術だけを競うのではなく、何より団結が問われるスポーツだからだ。一貫校からの持ち上がり組はすでに、その団結を確かめ合う十分な時間を集団ですごしてきたのだ。

実際に大学でレギュラーを張るのも、一貫校からの持ち上がり組が多い。1985年度の日本選手権でトヨタを破った時のフィフティーンは11人が慶應義塾高校（塾高）、1人が志木高出身で、大学受験して入ってきたのはわずか3人だった。

## 幼稚舎出身者が多い企業

上田昭夫が3年生となった1973年度は、完全にレギュラーの座を獲得した。しかし、明治と早稲田の壁は厚く、前年度に続き、関東大学ラグビー対抗戦で連敗。交流試合で法政に勝ち大学選手権に進んだものの、再び準決勝で明治に敗れた。4年生になると、上田は主将を任せられた。以前から、リーダーシップをとれる人間だと周囲の誰もが認めてきた。関東大学ラグビー対抗戦では明治に23対17で5年ぶりに勝った。最後は上田からのブラインド攻撃でトライが決まり、勝利を引き寄せた。大学選手権の準決勝で再び明治と当たったが、今度は20対29で敗れ、上田の大学での選手生活は終わった。

1975年4月、東京海上火災保険（現東京海上日動火災保険）に就職。上田には選手

を続ける気がないのだと周囲は思った。東京海上にはラグビー部がなかったからだ。

ところが、事態は急転する。ラグビー日本代表に選ばれ、7～8月、オーストラリア遠征に同行したのが大きな転機となった。上田は南オーストラリア選抜との試合に初出場し、21対17と勝利を収めた。遠征の最終戦にも出場。同国代表のワラビーズとのテストマッチに日本代表は25対50とダブルスコアで敗れたが、当時の実力差を考えれば大健闘といえた。

この遠征で上田の心は大きく揺らぐ。選手を続けたいという気持ちが抑えきれなくなっていた。結局、東京海上火災保険を半年で退職。ラグビー部のあるトヨタ自動車工業（1982年～トヨタ自動車）に転職した。しかし、こうした決断は東京海上側を怒らすことにはならなかったのだろうか。

「出自が三菱系の企業ということもあって、昔から慶應からの採用は多く、その中でも体育会系、特に蹴球部からはコンスタントに採っていた。組織における判断力やバイタリティの面で優れた人が多いですから、企業の戦力としても計算ができる。上田さんの件はよく知りませんが、それで蹴球部からの採用を減らすようなことは考えにくい。むしろ、メリットを受けるのはこちらのほうですから。そもそも、新入社員が1年以内で退職するケースはけっこうあるので、会社側がいちいちヘソを曲げるようなことはありません」

こう話すのは人事や総務を担当していた旧東京海上火災保険OB。2015年度、東京海上日動火災保険が慶應から新規採用した人数は100名で、みずほフィナンシャルグループ174名、三井住友銀行114名に次いで3番目。長年にわたって、常に上位にランキングされている。また、東京海上日動三田会の会員数1150名という人数は、非製造業の企業内三田会としてはトップの数字だ。同社と慶應はずっと、良好な関係を保ってきたと言えるだろう。そうした中で、蹴球部に所属する慶大生は、企業側が採用したい学生の理想像のひとつになっており、上田がわずか半年で辞めたからといって、その状況が変わるものではないのである。

「もうひとつ付け加えれば、うちは慶應幼稚舎出身者が比較的いるほうの会社だと思います。元々、幼稚舎出身の絶対数が限られているので、まとまって人数がいるというわけではありませんが、取引先の関係で採用するケースが少なくない。簡単に言ってしまえば、幼稚舎には経営者の子息や令嬢が多いので、頼まれれば断れないということです。同様の意味で、銀行や大手広告代理店にも幼稚舎出身者がかなりいると耳にします」（同OB）

「幼稚舎」と「ラグビー」は、慶應のイメージを構成する重要なキーワードになっているが、現実にその2つが組み合わさると、非常に強力な武器になるということがわかる。具体的にどういう効果があるのかは後述するとして、上田昭夫の話に戻ろう。

トヨタ自動車工業に転職し、ラグビー部に入った上田だったが、1977年度に全国社会人大会と日本選手権を制した以外は目ぼしい成績は残せなかった。松尾雄治率いる新日本製鐵釜石が1978～1984年度、社会人大会と日本選手権を7連覇するという黄金期に入っていたからだ。

1984年、上田は31歳の若さで、母校蹴球部の監督に就任。翌年度、トヨタに勝って日本一になったのは前述した通りだ。なお、当時、上田はまだトヨタの社員だった。この試合を最後に監督を退任した上田は1987年、フジテレビに転職。政治部記者、キャスター、プロデューサーを歴任し、定年まで勤めた。

上田の監督退任後、慶應蹴球部は極度の不振に陥る。大学選手権はおろか、交流試合にすら出られない状況が続いた。1994年度から上田が監督に復帰。すぐにはチームの調子は戻らなかったが、監督5年目の1998年度、13年ぶりに日本選手権出場を果たすと、翌年度は決勝で関東学院大学を27対7で下し、大学日本一に輝いた。ちょうど蹴球部創部100周年の節目の年度だった。

数々の栄光を慶應にもたらした上田だったが、2015年7月23日、62歳の若さで還らぬ人となる。線維状のタンパク質が臓器に沈着して機能障害を引き起こすアミロイドーシスという難病にかかり、前年秋から入退院を繰り返していた。猛暑の中、都内のカトリック教会で告別式が行われ、蹴球部を中心に慶應関係者400人が集まった。最後は歴代主将たちの手で棺が霊柩車に乗せられ、仲間たちが部歌を合唱し見送った。

## 2 「持田昌典」「玉塚元一」それぞれの生き方

慶應義塾幼稚舎、ラグビーという組み合わせは、財界でも非常に大きなインパクトを与える位置を占めている。上田昭夫の2学年下で、ゴールドマン・サックス証券（日本法人）の社長を務める持田昌典（1977年経済学部卒）も不思議な存在だ。ハゲタカファンドと忌み嫌われながらも、しぶとく生き残ってきた。持田が財界から消え去らなかったことと、幼稚舎とラグビーというアイテムはまったく無縁とはいえない。

第3章で触れたが、旧伊勢丹の創業家の4代目社長・小菅国安が同社から追い出されるきっかけとなったアメリカの高級衣料専門店バーニーズとの資本提携は持田が関係している。両社の縁組をコーディネートしたのが、ゴールドマン・サックスで頭角を現し始めていた持田だった。小菅とバーニーズの経営者を引き合わせ、トントン拍子に提携が決まったが、「持田氏はとんだ疫病神だった」と三越伊勢丹ホールディングスの幹部が振り返るように、旧伊勢丹に大きな損失を与えた。バーニーズ側が不適切な融資を繰り返し要求してきたのだ。

この提携話が持田から小菅に持ち込まれたのは1988年暮れ。そろそろ火は消えかけていたものの、日本ではまだバブル景気が続いていた。ゴールドマン・サックスをはじめとするハゲタカ外資は、日本に滞留する資金に狙いを定めていた。

「三菱地所のロックフェラーセンターの買収をはじめ、ジャパンマネーがアメリカ全土を席巻していた時代です。バーニーズの一件にしても、まだまだ日本から資金を引き出せるとゴールドマン・サックスがそそのかし、向こうの経営者をその気にさせてしまった。ゴールドマン・サックスとしてはとにかく、提携をまとめてしまえば勝ちとばかり、伊勢丹以外の百貨店にも片っ端から話を持ちかけ、それに乗ってきたのが、慶應の同窓ということで持田さんに気を許した小菅さんだった」（経済部記者）

小菅は持田に自分と同じにおいを感じ取っていた。そこはかとなく滲み出る育ちの良さである。だが、その裏に潜むビジネスライクな経済至上主義までは、小菅には読み取れなかった。

## 三田会での評判を気にする

持田昌典は1954年、父がウール製品の販売会社を経営する裕福な家庭に、長男として生まれた。自宅は渋谷区松濤《しょうとう》の高級住宅街にあり、6階建ての豪邸だった。

ちょうど、「教育ママ」という言葉が流行りだした頃である。持田は〝お受験〟で有名な港区西麻布の「若葉会幼稚園」に通った。同園は三井財閥の第10代当主・三井高棟《たかみね》によって1929年に創られ、戦前までは財界の子弟しか入園が許されなかった。戦後になると一般家庭の子弟にも門戸を開き、子どもの小学校受験を目指す父兄の間で注目を集めるようになり、松濤幼稚園、枝光会幼稚園（港区三田ほか）とともに「お受験御三家」と呼ばれ、幼稚舎にたくさんの生徒を送り出してきた。なお、松濤幼稚園は適当な後継者がいなかったため、2010年に閉園し、御三家という言い方もなくなった。

幼稚舎に合格した持田は5年生になると、当然のようにラグビーを始めた。同級だった慶應OBは中学高校時代を次のように振り返る。

「幼稚舎から上がってくる生徒の多くがそうなんですが、中学受験して入ってくる生徒と比べると、あまり勉強ができるようには見えなかった。ラグビーに打ち込み、机に向かうよりグラウンドで練習に没頭している姿が印象に残っている。ラガーマンらしく、さわやかな男でした」

蹴球部では、上田昭夫が主将を務める1974年度の途中から、フルバックとしてレギュラーに定着した。大学2年の時である。3年になると、学生ラグビーの日本代表にも選出された。4年の時は屈辱的な体験もしている。第53回早慶定期戦で3対46という歴史的大敗を喫したのだ。慶應の得点は前半に持田が決めたペナルティゴールのみだった。

大学でラグビー漬けの日々を送った持田が授業に出席したのは、4年間でわずか40日。それでも無事に卒業し、第一勧業銀行（現みずほ銀行）に就職した。「彼の場合は体育会系枠での採用だった」と話すのは持田を知る第一勧業銀行のOB。同行でもラグビー部に入り活躍した持田だったが、大学で机に向かわなかった分を取り戻そうと、ラグビーの練習のかたわら、通信教育で経済や語学を勉強し直した。充実感に溢れる毎日を送っていたが、人生の歯車を狂わせる出来事が起こる。

「父親の会社の経営が傾きだしたんです。元々、業務の大半は持田君のお母さんが取り仕切っていたそうなんですが、彼が高校1年の時、急逝してしまった。それから徐々に経営が悪化していくんですが、メインバンクの第一勧業銀行は支援しないばかりか、債権回収に走り、会社はそのまま廃業に追い込まれてしまったんです。その結果、松濤の家をはじめ、ほとんどの資産を手放さなければならなくなった。自分が勤める第一勧業銀行の冷たい仕打ちに相当ショックを受けたのか、それを境に彼の顔から持ち前の快活さが消えていったんです」（同ＯＢ）

入行9年目の1985年、持田は社費留学制度を使い、アメリカ・フィラデルフィアのペンシルベニア大学ウォートンスクールに留学。ＭＢＡを取得し帰国したが、第一勧業銀行に戻ってくることはなかった。そのまま、ゴールドマン・サックスに転職してしまったのである。

「第一勧業銀行への恨みもあったでしょうが、何より持田さんは以前の裕福な生活を取り戻したかったのではないか。日本の銀行でサラリーマン生活をしていても実現できないことがわかっているので、カネが稼げる外資に移ったんだと思います」と第一勧業銀行の元同僚は推察する。

多くの社員が数年で転職していくゴールドマン・サックスで、持田は1988年ヴァイス・プレジデント、1992年パートナー、1998年東京支店長、2001年社長と、着実に階段を上がっていった。「儲かることなら何でも触手を伸ばし、利益を貪欲に取っていくやり方は、アメリカ本社に大いに評価された」と同社元社員は話す。どこに利益を生むネタがあるか、常にアンテナを張っておかなければならない仕事だが、「意外にも、三田会人脈を積極的に使っている印象はあまりない」と慶應出身の経済部記者は話す。

持田にとって、仕事上でもっとも重要だったパイプは慶應ではなく、大阪大出身の西川善文を中心とした人脈だ。西川は住友銀行、三井住友銀行の頭取を歴任し、日本郵政の初代社長にも就いた財界の大物だが、持田はその懐に飛び込むことに成功した。

「持田さんは外資には珍しく、日本企業が使う古典的な手法でキーパーソンとの関係を構築してきた。これはと思う人物に近づきゴルフや酒席を重ね、その親族にもいろいろ便宜を図って、持ちつ持たれつの関係になっていくんです。幼稚舎出身の慶應ボーイとは思えない泥臭さでした」（元社員）

こうして築いた人脈を駆使して情報を収集し、企業の再編劇を次々に演出してきた持田だが、自身のビジネスと三田会人脈を結びつけるのを意図的に避けてきた節がある。

「三田会関係の団体が主催する講演などにはよく呼ばれていますし、蹴球部ＯＢのつながりもいろいろあるはずです。でも、そうした人脈を活用することは少ない。慶應出の経営者と会う際に、覚えをよくするために、同窓であることを強調するケースはあっても、せいぜいその程度。持田さんは三田会の間で『あいつはガツガツしている』といった噂が流れるのを非常に恐れている。蹴球部で活躍したイメージを壊したくないんでしょう」（慶應出身の経済部記者）

聖域を守ろうとする持田の姿勢が効を奏しているのか、実際、三田会関係者の間での評判は悪くない。持田の講演会は塾員や塾生からの人気も高く、優れた経済人として認知されている。三田会関係者と持田について話していると、巷でよく聞かれる「アメリカのハゲタカの手先」といった陰口がまったくの誤解ではないかと思わせるほど、持田に対するイメージが世間のそれと異なっている。

「幼稚舎という、慶應の中で、もっとも慶應らしい部分を代表する立場をわきまえている以上、我々の批判の矛先が向けられることはない」と連合三田会の役員が話すように、持田が守ろうとしているものは、慶應を体現する三田会が守ろうとしているものと一致する。そこを踏み外さない限り、その人物もまた、守られるのである。実業の世界で大きな位置を占める三田会が問題なしと認めている以上、一方でたとえどんな批判勢力があろうとも、生き残っていくのに十分なアドバンテージを得ているとも言えるのだ。

## サラリーマン家庭にはない感覚

2014年5月、サントリーホールディングス社長就任が決まった新浪剛史（1981年経済学部卒）に代わって、ローソンの社長に就いた玉塚元一（現会長兼CEO、1985年法学部卒）は失敗を繰り返しながら、そのたびに周囲から引き上げられてきた。ここでも、幼稚舎とラグビーがキーワードになる。

玉塚はかつて存在した玉塚証券の創業家に生まれた。曾祖父が創業者で、2代目社長の祖父は東京証券取引所の理事長も務めた。玉塚が生まれた年に祖父が亡くなり、父が社長を引き継いだが、1960年代半ばに起こった証券不況のあおりを受け、1967年に別の3社と合併し、玉塚証券という社名は消滅した。

子ども心に悔しい思いをした玉塚だったが、オーナー家からサラリーマン家庭になっても、比較的裕福な暮らしは維持され、1969年、幼稚舎に入学した。幼稚舎入学組で大学で蹴球部に入っている部員は、これまで見てきた通り、幼稚舎5年生からラグビーを始めるのがいわば定番。ところが、玉塚は中学からのスタート。幼稚舎時代の玉塚は引っ込み思案で、なんとなく興味はあっても踏み切れなかったらしい。内気な性格を変えたいという思いもあって、中学に上がると一念発起してラグビー部に入ることにしたのだった。

大学の蹴球部では3年生からレギュラーに定着した。ポジションはフランカー。フィフティーンの中でもっとも豊富な運動量が求められ、タフでなければ務まらない。のちに、仕事で起き上がり小法師のように何度も復活を遂げたのは、ラグビーで鍛えられた心身にあるのかもしれない。

4年生に上がった1984年度は、前述したように上田昭夫が新監督に就任。下馬評通り、この年度の慶應は強かった。関東大学ラグビー対抗戦では明治と早稲田をいずれも1点差の辛勝ながら撃破。8戦全勝で終えた。慶應の対抗戦全勝は29年ぶりのことだった。

中央大との交流試合にも勝ち、大学選手権に駒を進め、福岡工大、天理に勝ち、1985年1月6日、国立競技場で決勝戦を迎えた。相手は史上初の3連覇がかかる同志社。2016年10月20日に胆管がんのために53歳で亡くなった平尾誠二や、身長190センチの大八木淳史《あつし》を擁し、こちらも前評判は高かった。

前半は同志社が慶應を圧倒した。前半3分、センターの平尾が先制のトライ（当時は4点）を決め、17分にもスクラムハーフの児玉耕樹がトライ。慶應はペナルティゴールの3点のみ。3対10で前半を折り返した。後半に入ると膠着《こうちゃく》状態が続き、点が入ったのは5分に慶應が決めたペナルティゴールだけで、6対10のままロスタイムに入った。攻める慶應はスクラムから左に展開し、主将を務めるセンターの松永敏宏からパスを受けたフルバックの村井大次郎がポスト左に飛び込み同点に追いついたかに見えた。だが、レフリーの笛はスローフォワードを告げ、そのままノーサイド（試合終了）となった。今ビデオを見ても、スローフォワードかどうかは微妙なところで、のちに「幻の同点トライ」と語り継がれることになったが、ラグビーにおけるレフリーのジャッジは絶対である。慶應側は誰ひとり文句をつけることなく、シーズンを終えたのだった。

玉塚はそこでラグビー人生を終えることになった。だいぶ前から、大学を卒業したらやめることに決めていた。玉塚を知る蹴球部ＯＢは次のように話す。

「蹴球部の３〜４年生になると、ＯＢである黒黄会（同部の三田会）のメンバーが就職の話をいろいろ持ってくる。特に多いのがラグビーの実業団がある企業からの誘い。ＯＢから言われると、なかなか断るのが難しくて、気が弱い部員だと流されるままに、行きたくない企業に入ってしまうこともしばしばあるんです。玉塚君はそれが嫌で、最初から社会人ではラグビーはやらないと決め、そうした話はきっぱりと断るようにしていたんです」

幼稚舎では内気な少年だった玉塚も、ラグビーで鍛えられるうち、自分の意思をしっかり表明する逞しい青年に成長していた。就職先は、蹴球部ＯＢが多い金融や商社ではなく、メーカーに行くことにした。精神的に一度、リセットしたかったのだ。それと、メーカーのほうが海外に行くチャンスが多いということもわかってきた。これからは国際舞台で活動しなければ、ビジネスマンとしての飛躍はないと感じていた。玉塚が最終的に選んだのは、三菱グループに属するガラスメーカー世界最大手の旭硝子だった。

入社4年目に念願の海外赴任。シンガポール支社に4年間、駐在し、生産・物流拠点づくりに尽力した。1997年には社費留学制度を使い、アメリカに渡り、ケース・ウェスタン・リザーブ大学大学院でMBA、サンダーバード国際経営大学院で国際経営学修士号を取得した。

しかし、帰国しても旭硝子には戻らず退職し、日本IBMに転職した。そのあたりは、前出の持田昌典と似ているが、より条件のいいところを求めた持田とは、玉塚の目的は少々違った。

「玉塚君は将来、経営者になることを前提に行動を決めていた。もし、旭硝子に残ってトップに登りつめたとしても、少なくともあと20年以上はかかる。だとしたら、このまま階段を登っていくよりも、スキルを磨いてプロ経営者を目指したほうがいいのではないかと考えたんです。転職先に日本IBMを選んだのも、そこにずっといようというのではなく、

財務やコンピュータを学ぶのが目的だったんです」（蹴球部OB）

第2章で慶應に入ってくる御曹司の腰掛け入社をレポートした。少しそれとは性格が違うが、玉塚の日本IBMへの転職も、広い意味では腰掛け入社である。こうした発想は、一般のサラリーマン家庭で育った人間にはなかなか出てこない。就職の目的は通常、こういう仕事がやりたいとか、生計が成り立つように収入を得たいといったことである。慶應の御曹司たちの就職する目的は、家業に入った時のために、銀行や取引先、業界との関係を強化しておきたいという経営側の都合が前提になっている。玉塚の場合でいえば、幼少の頃、家業を失った悔しさが遠因にある。同じ会社を再興することは叶わないまでも、経営者として一本立ちしたいという気持ちはずっと持ち続けていた。腰掛け入社する御曹司の多くがそうであるように、就職はその企業に入ることが目的ではなく、近い将来、経営側に立った時に切り盛りするための手段にすぎないのである。結局、玉塚が日本IBMにいたのはわずか4ヵ月だった。

## 年配から好かれる幼稚舎出身者

IBMのコンサルティングを企業に売り込むのが、日本IBMで玉塚に与えられた仕事だった。３社目にユニクロを展開するファーストリテイリングを訪れた。社長の柳井正を前にしてプレゼンテーションをしたが、やたらと英語の専門用語を使い、肝心の内容がまったく伝わらない拙いものだった。この男、大丈夫なのかと柳井は心配になって、思わず「君は何をやりたいのか」と尋ねた。玉塚が「将来、起業したい」と正直に打ち明けると、自分の責任で計画を立て実行に移すという試行錯誤を何度も繰り返していかないと経営者にはなれないと説教された。衝撃を受けた玉塚は、ファーストリテイリングに転職することを決めた。１９９８年暮れのことである。それから４年後、柳井は会長に就任し、社長を玉塚に任せた。

「玉塚君は〝人たらし〟なんですよ。特に年上の人に好かれる」と話すのは前出の蹴球部OBだ。

「彼に限らず、幼稚舎出身者は年配からかわいがられやすい。彼らは大人になっても、どこか無邪気なんです。同世代同士だと、物の言い方があけすけで、失礼じゃないかと思うこともあるんですが、年が離れていると、そうした態度はむしろフランクに感じるようです。私のような大学から慶應に入った人間からすると、些末なことを気にしない幼稚舎の人たちを羨ましく感じることがあります」

玉塚社長体制になってからも、ファーストリテイリングは業績を伸ばしていたが、2005年9月突然、玉塚は社長を退任する。事実上の解任だった。オーナーの柳井が考える成長のスピードよりもずいぶん遅く、ベンチャー精神を失い、安定の上に胡坐《あぐら》をかく玉塚に不満を持ち始めたのだ。

柳井のもとを去った玉塚は、ファーストリテイリングの副社長だった澤田貴司（現ファミリーマート社長）と企業再生事業会社リヴァンプを設立。2006年、ハンバーガーチェーンのロッテリアと経営委任契約を締結し、玉塚は同社の会長兼CEOに就任した。

「業績が低迷するロッテリアの再生を任されたわけですが、玉塚氏は右肩下がりを食い止められず、2010年3月、契約が完了すると、そのまま会長を退任。ファーストリテイリングでの解任騒動も含め、玉塚氏の経営者としての資質に疑問符がつけられたんです」（飲食関連業界紙デスク）

厳しい評価が増える中でも、玉塚を買っている経営者は少なからずいた。慶應とラグビーという組み合わせに加え、幼稚舎出身という毛並みは強力な武器だった。ロッテリアの会長を退任した玉塚に声をかけたのは、当時ローソンの社長で、慶應の同窓の新浪剛史だった。ただ、同じ慶應でも新浪が4年先輩で、学部も違うため、大学での接点はなかった。

また、新浪は神奈川県立横浜翠嵐高校から受験して慶應に入っていて、特に両者をつなぐ人脈上のパイプがあったわけではない。

「彼らが会うようになったきっかけは雑誌の対談です。玉塚さんがファーストリテイリングの社長になったのと、新浪さんがローソンの社長になったのがほぼ同時期で、プリンス対決のような感じで、一緒に取り上げられることが多くなった。何度か対談しているうち、意気投合して、時々会食する仲になったんです」（元雑誌編集者）

慶應ということ以外で2人の共通点は、スポーツマンであったことだろう。大学ラグビーのスター選手だった玉塚ほどではないが、新浪も高校時代、バスケットボールで国体に出場するなど、そこそこ鳴らした選手だった。ただ、慶應に入ると、まったく経験のない器械体操部に入り、選手としてより、体育会の裏方として活動した。

2人とも、就職すると、スポーツとはきっぱり縁を切ったのも似ている。上昇志向、そして海外志向が強いのも共通点だった。三菱商事に入った新浪は傍系の砂糖部に回されたが、腐らず中国市場を開拓して成果を上げた。社費留学制度を使ってアメリカに留学し、MBAを取ったのも、玉塚と一緒である。なお、新浪の留学先はハーバードビジネススクールだった。

話題が合いやすく、玉塚をすっかり気に入った新浪は、まだリヴァンプに籍があった相手を熱心にくどいた。すでに新浪は近い将来、ローソンを出ることを考えていたのかもしれない。後継者に玉塚が適任だと思ったのだ。

顧問を経て２０１１年１月、玉塚は正式にローソンに入り、副社長に就任。２０１４年５月に社長に昇格したのち、２０１６年６月には会長兼ＣＥＯに就任した。後任の社長となったのは、２０１４年５月に三菱商事からローソン入りし、副社長に就いていた竹増貞信だった。

「ここのところ、親会社の三菱商事からの玉塚さんに対する評価が下がっています。全体の業績は堅調なんですが、玉塚さんの担当するコンビニ事業は利益が下がっている。一方、竹増さんが担当している高級ストアの成城石井は絶好調。玉塚さんの立場もだいぶ微妙になっています」（三菱商事関係者）

三菱商事は、三菱グループの源流企業・九十九商会の流れを汲む直系企業であり、慶應との関係も深い。しかし、玉塚が幼稚舎出身のいわば血統書付き慶應純血種であっても、三菱商事にとっては所詮は外様であり、どうしても守らなければならない相手ではなく、当然ながら企業の論理が優先する。これまで〝捨てる神あれば拾う神あり〟で、曲がり角に来るたびに救世主が現れてきただけに、玉塚の今後の動向が注目される。

## ラグビーで活躍した福澤諭吉の玄孫

１９８５年１月６日の大学選手権決勝で同志社に敗れたフィフティーンには、玉塚以外にも幼稚舎出身は多い。ウイングの市瀬豊和（１９８５年法学部卒）は事務用紙製品の製造販売「山櫻」の創業家出身で、現在社長を務める。慶應出身の御曹司に幼稚舎というアイテムが加わると、さらに腰掛け入社の確率は高まるが、市瀬もご多分に漏れず、よくある道筋をたどることになった。三菱銀行に腰掛け入社したのち、家業に入った。

「市瀬はラグビーの強豪のサントリーからも誘われていたんですが、将来のことを考えて銀行を選んだんです。大学に上がる前、高校ジャパンにも選ばれた逸材で、続けていれば活躍できたはず」と蹴球部ＯＢは残念がる。

これは市瀬に限った話ではないが、ラガーマンは周囲から頼りにされるタイプが多い。市瀬は１９８５年卒の年度三田会（１２６年三田会）の世話人を務め、同年度が当番となった２０１５年の連合三田会大会では実行本部長として運営を取り仕切った。

スクラムハーフの生田久貴（１９８６年卒商学部卒）も幼稚舎から慶應に入った。市瀬と同級だが、卒業年が違うのは取得単位が足りず留年しているからだ。怪我の功名というべきか、留年したおかげで1986年1月15日の日本選手権にも出場することができた。トヨタ自動車を破り日本一の快挙を達成し、思いもかけぬ美酒を味わったのだった。

生田も自動車部品メーカー大手「ミクニ」のオーナー家の御曹司だった。しかし、家業を継ぐつもりはなく、腰掛け入社ではなく、骨を埋めるつもりで三菱商事に入社した。ラグビーも卒業を機にやめるつもりだった。やることは十分やり尽くしたという気持ちだったのだろう。生田が選んだ三菱商事はラグビーとは縁のない企業だった。

ところが、生田の想定とは異なる事態が起こる。日本代表に選出され、再びラグビーの世界に戻されてしまうのだ。三菱商事に許可をもらい、オーストラリアで開かれた第1回ワールドカップにも出場した。1次リーグ3戦3敗で敗退したが、初戦のアメリカ戦は18対21の惜敗。日本チームはペナルティキックを5回も外しており、悔やまれる試合だった。

その後は三菱商事の仕事に専念し、南アフリカに赴任していたが、父の説得を受け、日本に戻りミクニに入社した。2008年からは父の跡を継ぎ社長に就任。2015年には東証2部から1部への指定替えも果たした。

同志社戦には出場していないが、この年度から試合に出るようになったのが、幼稚舎で玉塚、市瀬、生田より1級下の山越克雄。189センチ100キロの体格を生かし、ロックを務め、翌年のトヨタ戦では力強い突進で相手にダメージを与え続け、日本一に貢献した。

この山越はその後、姓を変えている。福澤克雄というのが今の名前だ。知る人ぞ知る、TBSテレビの演出家である。富士フイルムを経てTBSに入社した福澤は「3年B組金八先生」「半沢直樹」「下町ロケット」をはじめ、たくさんのヒット作を手がけてきた。

しかし、それだけでこの人物の説明を終わらすことはできない。福澤克雄は福澤諭吉の玄孫《やしゃご》なのである。三菱地所の元社長で現在、慶應の評議員を務める福澤武の妹が克雄の母。両親が離婚して、母の旧姓を名乗るようになった。なお、福澤諭吉の曾孫である福澤武も幼稚舎の出身。しかし、5年生の時に肺結核になり、中学には上がらず、独学で大学入学資格検定に合格し、慶應法学部（1961年卒）に入ったという苦労人だ。

幼稚舎のラグビー人脈を追っていくだけでも、きらびやかな系譜が次々に出てくる。それが三田会人脈にもつながっていくわけだが、その奥行きはどこまで深いのだろうか。もう少し、幼稚舎を追ってみることにしよう。

## 3　慶應を代表するのは幼稚舎だけ

慶應義塾の一貫校には、小学校が幼稚舎（1874年開学）、横浜初等部（2013年）、中学が普通部（1898年）、中等部（1947年）、湘南藤沢中等部（1992年）、高校が高等学校（通称「塾高」、1949年）、志木高等学校（1948年）、湘南藤沢高等部（1992年）、女子高等学校（1950年）、ニューヨーク学院（1990年）がある。

この中で、横浜初等部と湘南藤沢中等部・高等部はひとつの一貫校と見なすことができる。幼稚舎からは湘南藤沢中等部も含め、どの中学でも選べるが、横浜初等部からは湘南藤沢中等部しか選択肢がない。また、普通部と中等部からは湘南藤沢高等部も含め、どの高校でも選べるが、湘南藤沢中等部からは湘南藤沢高等部しか選択肢がないのだ。なお、普通部と塾高は男子校なので、女子が選ぶことはできない。

これら一貫校には、慶應内部でランク付けがある。ニューヨーク学院はかなり特殊なので対象外。もっとも格下なのは、歴史が浅い横浜初等部と藤沢湘南の中高だ。一方、格上は幼稚舎、普通部、塾高の3校となる。塾高は開学年度はそれほど古くないが、元々は普通部の一部であり、戦後の新学制への移行にともない、分離して誕生したもので、歴史的には伝統校と見なされる。

この格上3校の中で圧倒的に格付けが上なのが幼稚舎である。世間ではそこまでの認識はないだろうが、慶應内部ではそう見られ、さらに言えば、幼稚舎出身者自身がそうした自負を強烈に持っている。

「幼稚舎出身の生徒同士が陰で、自分たちのことを内部、僕らのことを外部と呼んでいるのを知り愕然《がくぜん》としました」と話すのは中等部から慶應に入ったOB。大学受験を経て慶應に入った学生を外部生、高校からの持ち上がり組を内部生と呼ぶのが一般的だが、幼稚舎出身者は自分たちと〝それ以外〟という分け方をしているのだ。そこには彼らだけの世界が広がっている。

「自分たちだけでグループをつくって、その周りにはバリアを張って、僕らをまるで拒絶しているような感じなんです。幼稚舎出身同士で誕生会などもやっているようでしたが、僕らが呼んでもらうことはなかった」

中等部での幼稚舎出身の割合は4分の1〜3分の1程度。年度によって、その割合は変わるが、いずれにしても人数が多いのは中学受験に合格して入ってきた生徒。にもかかわらず、疎外感を持つのはマジョリティの側なのだ。幼稚舎出身の連合三田会役員は次のように話す。

「幼稚舎でまとまっているというより、同じクラスだった仲間と仲良くしているといったほうが正しいと思います。6年間ずっと同じクラスでやってきたので、外部の人がいきなり入ってきて、彼らとも親しくしろと言われても、すぐには難しい面がある。でも、それも最初のうちだけで、サークルや学校行事などで一緒になるうち、外部の人とも親密になっていくんです」

前述したが、幼稚舎は6年の間、クラス替えが一度もなく、1クラス36人がずっと一緒である。親しさの度合いがまるで違うのだ。しかも、担任教師も6年間ずっと同じで、生徒のひとりひとりの性格をよく把握し、クラスは他校では考えられないくらい、まとまっている。ただ、〝外部〟からすると、幼稚舎の生徒の態度が鼻持ちならないという声もある。

「自分たちが慶應を代表しているという意識が非常に強くて、声をかけてもらえないだけではなく、僕らを見下している感さえある。あちらは上流階級で、こちらは一般庶民という感じ。世が世なら、同じ場所にいることもありえないといった雰囲気を醸し出しているんです」

前出の中等部ＯＢはこう振り返るが、それはさすがに言い過ぎと、連合三田会役員は否定的な見方をする。

「たしかに幼稚舎に裕福な家庭の子弟が多いのは事実ですが、中学から入ってくる生徒も家庭が裕福な子がけっこういる。ただ、幼稚舎の場合、とんでもなく金持ちという生徒が混じるので、そのイメージが強いんだと思います。そもそも、そうした裕福さを鼻にかけるような子どもは幼稚舎に入学できないと思うし、実際、素直な生徒が多いですよ」

幼稚舎出身者が誇れるのは、誰よりも慶應愛が強いことだと話すのは慶應義塾大学の文科系教授だ。やはり幼稚舎出身で、教職の期間も含めると、半世紀近く慶應ですごしてきた計算になる。同教授は、自分たちに比べ慶應愛が感じられないことが、幼稚舎出身者が〝外部〟を肯定的に捉えられない一因になっていて、それが態度の端々に出るのではないかと分析する。

「上に上がるほど、慶應愛が薄くなる傾向がある。大学から入った外部生で今、塾歌をまともに歌える人が非常に少ないことに驚かされます。応援歌の『若き血』は慶早戦での定番で、歌詞も非常に短いのに、それすら歌えない。母校愛が人一倍強い幼稚舎出身者からすると、外部生を見て、なぜこの人が慶應に来たのかと首を傾げてしまうような場面が多いんです」

次に、慶應愛に溢れた幼稚舎出身者の中から、特徴的な人物を取り上げてみることにする。

## 退学させられても慶應に戻った高橋治則

日本を代表する芸術家、岡本太郎も幼稚舎出身のひとり。慶應愛に満ち溢れているという言い方には、異論を唱える人も少なくないと思う。というのは、大学は慶應ではなく、東京美術学校（現東京芸術大学）に進んでいるからだ。それでもなぜ慶應愛かという理由は後回しにして、簡単に岡本の少年期を振り返ってみる。

売れっ子漫画家の岡本一平と歌人・かの子の間に生まれた岡本太郎は、かなり変わった家に育った。父一平は放蕩三昧で家にほとんどいなかった。母かの子は家事がまったくできず、子育てもまともにせず、その上、夫公認の愛人を自宅に住まわせていた。そんな環境で育ったせいか、岡本は他人とコミュニケーションがうまくとれず、絵を描くことに没頭していた。

小学校は最初、進学校として知られる公立の青南小学校に入ったが、追い出されるように1学期で退学。その後も転校を繰り返したが、どこも馴染めず、かの子の希望もあって、寄宿舎のある幼稚舎に、1年生をもう一度やり直す形で入学した。のびのびとした教育方針をとる同校で、良き理解者の教師・位上清とも出会い、岡本は水を得た魚のように振舞い、すぐにクラスの人気者になった。ただし、成績は52人中52番。51番はのちに流行歌手として一世を風靡《ふうび》する藤山一郎だった。

すでに絵の才能を認められだしていた岡本だったが、普通部に上がった頃から、何のために描くのか、疑問を持ち始めるようになっていた。画家を目指さず、このまま慶應大学に進みたいという気持ちが大きくなっていたが、迷った末、周囲の期待に応えるべく、東京美術学校に入ることにした。結局、岡本は美術学校を1年でやめ、パリに渡っている。一番、岡本の肌に合っていたのは慶應の校風だった。彼にとっての母校は、慶應しかなかったのである。本人が言葉でそれを言い表したことはないが、岡本の心のどこかに確実に慶應愛が息づいていたと、あの自由闊達な作風からも読み取れるのである。

慶應や三田会の要職を歴任した資生堂の元社長・福原義春（1953年経済学部卒）はまさに慶應愛に溢れる人物だが、それを〝幼稚舎愛〟という言葉に置き換えたほうがよりピッタリくるかもしれない。1931年3月生まれの福原は、幼稚舎高学年になる前後に太平洋戦争が開戦。中学に上がる頃には激化し、学校どころではなくなり、疎開を余儀なくされていた。そうしたこともあり、福原にとって教育の場というと、真っ先に幼稚舎の6年間が頭に浮かぶようだ。

担任は、慶應出身の吉田小五郎（1924年文学部卒）。日本キリシタン史に精通し、教授からは大学に残るように勧められていたが、子どもが好きで幼稚舎に勤務することを選んだ。吉田はのちに幼稚舎の舎長（校長）も務めた。福原はこの吉田にとてもかわいがられたという。

前出の福澤武も慶應愛では負けていない。幼稚舎を卒業後、病気のために慶應を離れ、大学から再び戻ってきたのは、福澤諭吉の曾孫ということを抜きにしても、慶應を誰よりも愛するが故だろう。

同様に、一度慶應をやめながら戻ってきたのは、今は消滅した不動産開発投資会社イ・アイ・イ・インターナショナル（EIE）の社長だった高橋治則《はるのり》（1968年法学部卒）である。父の高橋義治は住友系の商社・東洋物産（現テクノアソシエ）の常務だった人物で、テレビ朝日の前身の日本教育テレビの立ち上げにもかかわり、全国朝日放送で取締役も務め、裕福な家庭を築いた。長男の治之（1967年法学部卒）も塾高から慶應に入り、卒業後は電通に入社し専務まで務め、現在は東京オリンピック・パラリンピック競技大会組織委員会の理事に名を列ねている。

幼稚舎から慶應に入った次男の高橋治則は普通部から塾高に入学したが、まもなく事件が起こる。内輪のパーティ券を売りさばいていたことが発覚し、その首謀者と見なされた高橋が退学処分になったのだ。世田谷学園に転校したあとも、遊ぶ相手は幼稚舎時代からの仲間だった。そして今度は、大学の一般入試を受けて慶應に戻ってくるのである。よほど水が合っていたというか、慶應以外の水は高橋にはまったく合わなかったのである。

高橋は法学部を卒業すると、日本航空に入社。まだ社員だった時に、ＥＩＥの前身の国洋開発を設立した。入社して8年後に日本航空を退社し、ＥＩＥの事業に専念するようになった。バブル期にはオーストラリアをはじめ世界各国でリゾート開発を手がけ、総資産は瞬く間に1兆円を超えた。だが、まもなくバブルが弾けると、急速に経営状態は悪化し、メインバンクの日本長期信用銀行からも支援を打ち切られ、再建が困難になり、ついには経営破綻に追い込まれたのである。そして1995年6月、高橋は東京地検特捜部から背任容疑で逮捕されてしまう。

「高橋さんは幼稚舎時代から親しかった同級生の会社からも多額の融資を受けていた。〝貧すれば鈍〟をまさに地で行く感じで、がっかりしました。ビジネスに慶應の友人を巻き込んでほしくなかった。それぐらい、追い詰められていたんでしょうが、あれだけ慶應を愛している男でもああなってしまうんですね」と高橋を知る塾高OBは当時を振り返って嘆いた。

裁判で一貫して高橋は無罪を主張したが、地裁で懲役4年6ヵ月の実刑判決、高裁でも懲役3年6ヵ月の実刑判決が出ていた。最高裁に上告したが、その最中の2005年7月18日、高橋はくも膜下出血で突然亡くなってしまう。59歳の若さだった。

「高裁判決のあと、長銀が不法な手段でEIEから債権回収をしていた事実が判明。刑事告訴した整理回収機構が高橋氏の刑事上の責任を求めないとの意見書を最高裁に出していたので、生きていれば逆転無罪を勝ち取る公算が高かった」(司法記者)

好きだった慶應を追い出され、また戻り、苦しくなると、幼稚舎の同級生まで利用した高橋。〝時代の寵児〟と持てはやされた男の人生はどこか切なかった。

## 縁故枠をなくそうとして更迭された舎長

幼稚舎に衝撃が走ったのは2002年秋のことだった。1999年4月から舎長を務めていた金子郁容（1971年工学部卒）が突然、退任したのだ。さまざまな物議を醸してきた経緯もあって、事実上の解任ではないかと見る向きが多かった。

金子自身、幼稚舎から入った内部生であり、いわゆる〝慶應エリート〟だった。工学部管理工学科を卒業すると、スタンフォード大学に留学し、オペレーションズ・リサーチの学位を取得。ウィスコンシン大学マジソン校で准教授を務め、1984年に帰国すると、一橋大学で助教授を経て教授を務めた。1994年からは慶應に戻り、大学院政策・メディア研究科の教授に就任。その後、教授と兼任する形で幼稚舎の舎長に就いたのだった。

「これまで、舎長になるのはほとんどが幼稚舎の教員経験者。金子先生を持ってきたのは、慶應義塾として改革を期待したからです」と話すのは自身も幼稚舎出身で、内部事情に詳しい前出の文科系教授。学校当局はどんな改革を金子に求めたのだろうか。

「あまりにも慶應の血が濃くなりすぎ、幼稚舎が硬直化し始めていた。〝慶應の子どもは慶應〟というのが当たり前になっている状況に風穴を開けて、門戸を外にも、もう少し広げて新陳代謝させようというのが、金子先生起用の狙いだったんです」

ちょっとわかりにくい言い方をしているが、要するに幼稚舎の縁故枠を減らそうというのである。年度によって違うが、幼稚舎に入学する生徒の親の7割が慶應出身という年も珍しくなかった。その範囲を親から親族に広げると、さらにその割合は増え、入学者の9割近くに近親者に慶應OBがいるという年度もあったという。実際、金子が舎長になる前は、入学願書に父方、母方双方の祖父母の記入欄があり、血筋を重んじる傾向が強かった。
「学校側は当然、縁故枠などないと答えますが、誰の目にも明らかなように、慶應OBの子弟が有利になるようになっていた。親だけでなく、兄や姉が慶應という場合は幼稚舎合格の確率がさらに跳ね上がる。慶應の教員が親族にいるケースも、かなり有利に働きます。学校側が縁故枠がないと言うのは、裏口入学的なものがないと言っているだけで、合否の判定が公平に行われているという意味ではないんです。また、裏口入学的なものもまったくなかったわけではない。慶應の評議員からの口利きも過去にはけっこう多かったと聞いています」（文科系教授）
新しく舎長に就任した金子は、思い切った改革に踏み切った。まず、教員の採用から変えた。慶應の卒業生であることが条件だったが、公募制にした。新しい感覚を幼稚舎の中に吹き込むためだった。入学試験に関しては、願書の祖父母の名前を書く欄をなくし、親の職業も記入する必要がなくなった。さらには親の面接もなくし、子どもだけを見て合否を決めるようにした。

縁故枠が大幅に縮小された結果、親が慶應出身という合格者は3割まで減った。金子改革に、優遇策を失った慶應OBたちから不満が噴出した。

「といっても、OBたちも表立って縁故枠を復活させろとも言えないので、『慶應の伝統が壊れる』といった婉曲《えんきょく》的な言い回しで、批判を展開したんです。そうした抵抗勢力に格好の材料を与えたのが、アダルトビデオ監督の子どもが入学した一件でした」(文科系教授)

2001年春、入学した中に、日本でもっとも売れたAV監督の長男がいた。いくつかの週刊誌が取り上げると、金子への批判がヒートアップしていった。当時の父兄のひとりが次のように振り返る。

「正直なところ、父兄としてそうした職業の人と一緒になるのは、あまりいい気分はしなかったですね。せっかく幼稚舎に入ったのに、何か汚された気がして。そんなことを言うと、人権侵害だというのはわかっているし、お子さんにも悪いとは思うんですけど、そのことを知った多くの父兄が同じ気持ちだったのではないでしょうか。でも、ほとんどの人は静観していた。金子先生を辞めさせろと言ったのは、かつて幼稚舎に在籍したOBの人たちで、その時の父兄ではなかったんです」

この時に限らず、幼稚舎が週刊誌ネタになることは多い。芸能人の子弟も積極的に入学させているからだ。特に女性週刊誌や写真週刊誌にとっては、格好のターゲットになる。そのたびに父兄やOBから不満の声は出るのだが、このAV監督の時ほどではなかった。騒いだのが父兄よりもOBたちだったことを考えると、品位や伝統が汚されるということよりも、縁故枠という既得権が脅かされるのに怒っていたというのが真相だろう。

結局、学校当局はOBの抵抗勢力から出る不満の声に抗しきれず、金子更迭を決めたのだった。金子が去ったあとも、親の面接は行わないなど、いくつかの変更事項は生かされているものの、全体としては以前に近い選抜方法に戻ってしまった。

## 入試に恣意的要素が入り込む余地

いろいろ論議を呼ぶ幼稚舎の入試だが、国内の小学校受験で最難関に位置づけられているのは、昔も今も変わっていない。実際にどう行われているのか見ていくことにしよう。

受験者数だが、2008年度（2007年11月実施）の2468人をピークに、その後は少子化の影響が出ているのか、減少傾向にある。直近3年の推移を見ると、2014年度1607人、2015年度1532人、2016年度1502人となっている。なお、2016年度の男女の内訳は男子897人、女子605人。募集人数は男子が96人なので倍率は9・3倍、女子は48人で12・6倍。女子はかなり狭き門だ。

試験にあたっては、男・女、生年月日順にグループ分けがされ、別々の日時で行われる。受験する5～6歳あたりの年代は生まれた月によって、かなりの能力差があり、そうした有利・不利を生じさせないための策だ。

試験当日、控室にまず案内され、時間が来ると、引率の教師から子どもたちに「3つのお約束」が伝えられる。その約束とは「お喋りしない」「走らない」「前の人を抜かさない」である。試験では指示を守ることは必須。「3つのお約束」に関してはあまりにも有名なので、受験する前に子どもたちは何度も訓練してきている。ここでミスをする子どもはほとんどいないが、落とし穴も用意されている。3つの約束以外の「受験票を持って移動します」などの指示に対しても、しっかり対応できるか観察されている。

試験会場に移り、ここからが本当の勝負である。試験は大きく分けて3種類。「体操」、「行動観察」、「絵画制作」である。

体操といっても運動能力を測るものではなく、ここでも指示通りにできるかがポイントになる。教師が見せた手本の動きを忠実に再現できればクリアである。

行動観察も、指示に対する理解力、手本と同じことができるかは「体操」と一緒だが、他の受験者との共同作業や、自分なりの工夫ができるかも評価の対象になる。

絵画制作は文字通り、お絵かきである。お話を聞いたり、紙芝居を見たあとに、テーマを与えられ、絵を描いていく。その最中に教師から「何を描いているの？」と聞かれる。「お尋ね」と呼ばれているもので、ここでの受け答えも重要である。絵に関しては、他の子どもと似たような感じだと評価は上がらない。いかに独自性が発揮できるかがポイントになってくる。

試験の概要はこんなものだが、ひとつ疑義を挟むとしたら、採点する側の主観に、合否が左右されないかということである。学校側は細かくチェックポイントを設け、主観が入り込む余地を極力排除しているが、１５００人にも及ぶ受験者をひとりの試験官で見ることは物理的に到底できない。結局、受験者によって違う試験官が判定するわけで、いくらチェックポイントが多くても、ひとりの試験官による定点観測でない以上、採点にズレが生じるのを防ぐ手段としては不十分だ。

誰が見ても飛び抜けて優秀な受験者はともかく、多くの場合、どんぐりの背比べである。それを無理矢理、微妙な判定で結論を出すわけで、いくらでも恣意的な判断が入り込む余地を残している。つまり、巷で噂される縁故枠の疑惑を払拭することにはなっていないのである。舎長だった金子郁容はそうしたところを改革して、誰もが納得する世界をつくりたかったのだろうが、道半ばで挫折した。

## 意図的に決められるクラス分け

ところで、幼稚舎に合格したら費用はいくらかかるのだろうか。２０１６年度のケースで見ると、入学金34万円、授業料（年額、以下同）94万円、施設設備費13万円、教材費１万６４８０円、文化費２万円、給食費９万５０００円となっていて、合計金額は約１５４万円である。これは東京都の私立小学校の平均である約１０７万円と比べるとかなり高い。

しかも、この１５４万円以外に、入学時に「教育振興費」という名目の寄付金と、「塾債」と呼ばれる学債が必要になってくる。教育振興費は一口５万円で、年間最低でも一口は払わなければならない。入学時に６年分をまとめて払うのが普通で最低でも30万円。塾債は一口10万円で三口からになっているので30万円かかる。教育振興費と塾債は一応、任意となっているが、実際に断るのは難しく、必要な費用と考えていいだろう。結局、初年度に支払うのは約214万円ということになる。なお、塾債は慶應義塾を修了する時に返還請求できるが、「放棄するのが慣例になっている」（慶應義塾関係者）という。

この幼稚舎よりも高いのが2013年に開学したばかりの横浜初等部。教育振興費と塾債を除き、初年度は総額で186万円を払い込まなければならない。幼稚舎と比較して高いのは施設設備費の項目で45万円。建設費の一部負担を父兄に求めているのである。

幼稚舎に入ると、まずクラス分けが待っているが、その編成はかなり特徴的であり、意図的である。クラスは慶應（KEIO）のアルファベットから取ったK組、E組、I組、O組の4組。クラスカラーも決まっていて、K組が青、E組が黄、I組が緑、O組が白となっている。

何が意図的かというと、クラス分けがその生徒がどういう家庭の子弟かで決められている点である。K組はオーナー企業の御曹司が集められ、父親も慶應OBのケースが多い。かなりのんびりした雰囲気のクラスだ。勉強で頑張るよりも、級友と仲良くすることが真っ先に求められるクラスでもある。将来の人脈づくりにつながるように指導しているのだ。O組は開業医の子弟が多く、将来医学部進学を目指している。高い偏差値が必要になってくるので、4クラスの中で唯一、スパルタ式の詰め込み教育が行われている。担任も、学習塾の人気講師並みの教える技術を持った教師が就くことが多い。

E組とI組はサラリーマン家庭の子弟が多く、文武両道が奨励される。天気がよかったら、まずは校庭に出てみんなでスポーツをしなさいという感じである。芸能人の子弟も、このどちらかのクラスに入れられることが多い。

「元々は幼稚舎にはK組とO組しかなかった。やはり、この2クラスが特別なんです。他の2クラスとは格が違うといったら問題ですが、そこにヒエラルキーがあるのは厳然とした事実と言わざるをえない」（前出・文科系教授）

幼稚舎そのものが慶應の中で特別な存在であるのは誰もが認めるところだが、さらにその中により特別な存在があったとは驚きである。第3章で三田会の秘密結社性を描いたが、そのおどろおどろしさの源泉をたどっていけば、最後はこの幼稚舎に行き着くような気がしてならない。

# 第5章　三田会の知られざる逸話

## 1 ラーメン二郎存続への塾生・塾員の熱き思い

「二郎が好きか?」「そうだ!」
「二郎のためなら授業をサボれるか?」「そうだ!」
「仕事もサボれるか?」「そうだ!」
「ニンニク入れますか?」「そうだ!」

２０１６年10月16日昼、日吉のB棟21教室はまるでアイドルの握手会でも開かれているかのような熱気に包まれていた。

この日は年に1回の連合三田会大会が日吉キャンパスで開催されていた。トークショーの主役は「ラーメン二郎」の創業者・山田拓美。三田会とは切っても切れない伝説の人だ。

和食料理人だった山田が当時、目黒区にあった東京都立大学(２０１１年に閉学)の近くで「ラーメン次郎」という名前の店を開いたのは１９６８年のことだった。それまでラーメンをほとんど食べたことがなかったという山田が見よう見まねで始めたもので、客はさっぱり来なかった。おいしくなかったからだ。

これを最後に店を畳もうと思った日、学生寮に住む客から「もっとこってりした味にしないと売れないよ」と言われた。このアドバイスを聞いて、まだ挑戦の余地があると思った山田は昼間だけ、近所の中華屋で見習いをさせてもらうことにした。半年ほど修業して自分なりの味を見つけると、店は急に流行りだした。

しかし、目黒区がそのあたりを水洗に切り替えることになり、工事のために立ち退かなければならなくなった。そんな時に客だった慶應の学生から三田キャンパスの目と鼻の先にある洋食屋が店を閉めるという情報がもたらされ、移転することにした。店名が〝次郎〟でなく「ラーメン二郎」になったのは改装を頼んでいた業者が店舗用テントに書く文字を間違えたからだ。やり直してもらうのも面倒なので、そのまま使うことにした。

14のカウンター席しかない店はいつも満杯で、前には長い行列ができ、30分待ちは当たり前。1時間を超すことも珍しくなかった。三田キャンパスで二郎を知らぬ者は〝もぐり〟と言われたほどで、並んでいる客の8割がたは慶應の学生だった。一度、口にしたらやみつきになるこってり味に加え、山田の気さくな人柄が学生たちに受け、リピーターをどんどん増やしていった。

これ以上ないくらい繁盛していた二郎だったが、1990年代初頭、再び閉店の危機に見舞われる。国道1号の拡張工事のために、1990年代半ばまでに立ち退くように当局から言われたのだ。これを機に店をやめようと思い始めた山田だったが、そこで立ち上がったのが慶應の学生と三田会である。中心になったのは体育会の学生たちで、各三田会もバックアップした。

特に熱心に動いたのは柔道部の面々と、その三田会組織「三田柔友会」（会員数800名）のOBたちだった。二郎では大ダブル（麺は普通の店の3倍、載せるブタは8枚）をペロッと平らげてしまう猛者《もさ》揃い。柔道部と親密に交流を持つようになった山田は試合に応援に行くだけでなく、合宿にもたびたび顔を出しては酒を飲み交わしていた。OBの結婚式にも何度も招待されるほどの仲だった。

二郎がなくなったら飢え死にしてしまうとばかり、学生たちは署名活動に力を入れた。二郎を三田キャンパスの西校舎にある学生食堂に移し、存続させようというのである。1500人の署名を集め、大学に提出したが、結局実現はしなかった。食堂に長い行列ができたり、塾生以外の人間がひっきりなしに入ってトラブルが起こることを大学側は懸念したのである。

こうした学生たちの熱い動きに、半ば店をやめる気になっていた山田も思いとどまり、前向きに考えるようになった。1996年2月、店を閉めたが、慶應のOBが三田キャンパスの正門近くに使えそうな物件を見つけてきてくれ、同年6月、二郎は営業を再開した。

こうした存続運動を通して、ラーメン二郎三田本店は慶應や三田会にとってなくてはならない重要な支部になった感がある。実際にはないが、「ラーメン二郎三田会」と名乗ってもいいほど、大きな存在感を見せている。ラーメン二郎目黒店は慶應の応援団（応援指導部）出身で脱サラして二郎入りした若林克也（1986年商学部卒）が店主を務め、いつ三田会が発足してもおかしくない状況にある。

それはともかく、近年の連合三田会のイベントでは、ラーメン二郎は欠かせない存在になっている。連合三田会大会でブースを設け、ラーメンを提供したこともあった。年度三田会でラーメン二郎三田本店でラーメンを食べてからキャンパスに移り、おやっさん（山田）を囲んで二郎愛を語り合うという企画もあった。とにかく、山田は引っ張りダコなのだ。

2016年の連合三田会大会で山田は「支店やインスパイア店（スタイルを真似た二郎系ラーメン店）がいくら頑張っても三田本店を超えるのは無理。ラーメンを出す時、私は丼に親指を入れてるでしょ。この親指の味は他では永遠に出せない」と笑わせ、トークシヨーを締めくくった。

## 三色旗には意味も秘密もなかった

三田界隈には、慶應の学生やOBがよく使う喫茶店がある。JR田町駅から三田キャンパスに向かって慶應通りを歩く途中にある「ペナント」という店だ。このあたりは、昔は喫茶店がけっこうあったが、最近はめっきり減って、この店以外には、チェーン店のコーヒーショップぐらいしか見当たらない。

初めて入ると驚くのは、1965年開業のレトロな雰囲気もさることながら、延々と長渕剛の曲が流れていることだ。他のミュージシャンの曲は一切、かからない。この店は慶應の応援指導部や落語研究会の部員たちの溜まり場になっているのだが、20年ほど前にひとりの応援指導部員が長渕の「勇次」という曲のカセットテープを持ち込み、それを聴いたマスターの海帆秀幸がすっかり惚れ込んでしまったのである。

その応援指導部員は2006年に亡くなり、翌年、長渕本人が雑誌の企画でペナントを訪れ、応援指導部とエール交換した。その時、長渕から贈られたメッセージ付きの特大タオルが今も店内に飾られている。

この店の名物はピラフ類。標準的なピラフのほかに、ドライカレー、ケチャピラ、ニンピラなどがある。ケチャピラとはケチャップ味のピラフ、ニンピラはニンニク入りピラフのこと。人気は辛さをいろいろ調整してもらえるドライカレー。このドライカレーとケチャピラの両方を盛ったケチャドラなる裏メニューもあるらしい。

三田キャンパスの学生食堂にも人気メニューはある。キャンパス内には5つの食堂があり、そのうち2つは卒業生・教職員用となっている。ここで紹介するのは「山食」という学食だ。1937年創業で「山上の食堂」といっていたのが、いつのまにか縮まって山食となった。ここの名物は何といっても320円のカレー。コクと香りを引き出すために、ルウをオーブンで焼くというこだわりようだ。

カレーについてのトリビアにも触れないわけにはいかない。この言葉を日本に広めたのは、なんと福澤諭吉だという。Curryという単語を日本で初めて「コルリ」と紹介。それが時代の変遷とともにカレーになったというわけだ。

元々、福澤は〝食〟に強いこだわりがあったらしい。1882年に福澤が創刊した新聞『時事新報』では1893年から、日本の新聞紙上初めて「何にしようネ」という料理に関する連載記事が始まっている。女性に新聞に興味を持ってもらうという狙いに加え、食というジャンルが非常に重要であるという思いから、こうした試みをしたのだ。実際、こうした料理の記事はその後、他紙でも増え、人気企画となっていった。福澤の先見性をそこに見ることができる。

慶應のシンボルである三色旗とペンマークについても触れておこう。実は、スクールカラーにもなっている三色旗に関しては、その意味を説明できる人と、これまで一度も出会ったことがない。そもそも、三色旗といっても、青・赤・青と2色しか使っておらず、当初とは色合いもだいぶ違っているらしい。平等、自由、博愛を象徴するフランスの三色旗のような意味合いは込められてなさそうだ。

2本のペンが交差する記章に関しては、その誕生には諸説ある。有力なのは2つ。1885年頃、数人の塾生たちが自主的に学校に着ていくお揃いの洋服と学帽をあつらえたが、外を歩いてみると、帽子に記章がないのが物足りなく感じ始めた。その中の藤田一松という塾生が、講義で使う教科書に載っていた「ペンは剣より強し」の言葉にヒントを得てデザインしたのがそのまま記章として使われだしたという説だ。

もうひとつの説は、ちょうど同じ頃、塚本松之助という塾生が福澤諭吉から頼まれ、考案したというもの。のちにサンフランシスコに渡り、日系移民のパイオニアとして活躍した塚本が考えたのは、ペンと錨を組み合わせた図柄と、ペンを斜め十字に重ねた2案。前者は汽船会社の社章のようだったのでボツにして、後者を福澤のところに持っていくと、大変気に入り、すぐに採用されたという。どちらが真説かはわからないが、塾生が考案したものであるのは確かなようだ。

## 落第回避のために諭吉の墓参り

前述したように、慶應では唯一、〝先生〟という敬称が付けられるのは福澤諭吉だけで、塾員・塾生たちはみんな、君付けで呼び合うことになっている。ジャーニーズ事務所で先輩のタレント（近藤真彦と東山紀之を除く）に対して君付けで呼ぶのと似ているが、当然ながら、慶應が先である。慶應でそうしたルールになっているのは、福澤以外は〝学問の志を同じくする同輩〟という意味からだ。学内の掲示板に貼られる告知なども「○○君の講義は○○教室に変更」といったように、教授でも君付けだが、もちろん、面と向かって学生が教授や講師を○○君と呼ぶことはなく、○○先生である。

いずれにしても、慶應のヒエラルキーのつくられ方は、戦前までの天皇制に近いかもしれない。福澤が頂点にいて、あとはみんな、等距離で結ばれているという形である。実際にはそうなっていないわけだが、建て前であろうと、現実社会でヒエラルキーの下のほうに置かれている層としては、上にいる層と一緒に天皇まで同等の線でつながっているという充足が得られる。その頂点にある存在を福澤に置き換えたのが慶應のヒエラルキーの構図となっている。とにかく、今でも慶應は福沢諭吉を中心に回っているのである。それだけに、福澤にまつわるトリビアというか、迷信も多い。

たとえば、福澤の命日2月3日に墓にお参りすると落第しないというもの。いつ頃からか学生の間で言い伝えられるようになり、単位がぎりぎりの学生が神頼みならぬ〝諭吉頼み〟をするようになった。それが巷にも伝わり、入試直前の慶應の受験生もお参りするようになっている。

福澤の墓がある善福寺は、地下鉄大江戸線麻布十番駅を降りて有栖川宮《ありすがわのみや》記念公園方面に坂を少し上がったところにある。小泉信三（1910年政治科卒）が著した『福沢諭吉』によると、葬儀の当日は三田キャンパス内にあった福澤の自宅から善福寺までの2キロ足らずの距離を1万5000人の会葬者が徒歩で棺に従ったという。

もうひとつ、落第に関する迷信。日吉キャンパスにある福澤の胸像の台座に足を掛けたり腰掛けたりすると落第するというもの。この胸像は福澤の生誕150年を記念して19

85年に置かれたので、迷信としてはかなり新しい。胸像が建っているところは「諭吉前」と呼ばれ、よく待ち合わせに使われるので、不心得者を諫《いさ》めるために、そうした迷信がつくられたのかもしれない。

三田キャンパスにも福澤の胸像が建てられているが、そこではそうした迷信はない。台座が足を掛けられるような高さではないためだ。この胸像がある図書館旧館前には昭和初期に植えられた立派なヒマラヤスギが2本あったが、耐震補強工事のために2016年12月、伐採されてしまった。

日吉キャンパスができたのは1934年で、三田キャンパスが開設された1871年と比べるとだいぶ新しいので、トリビアもライトな感じのものが多い。同キャンパスのシンボルとして知られる日吉記念館に続く長さ220メートル幅22メートルの坂道の銀杏並木についても迷信がある。

晩秋になると、両側に立つ銀杏に囲まれて黄色のトンネルができ、美しく壮観な景色をつくるが、それを見て焦る学生たちもいる。「一女は銀杏の葉が散るまでに恋人ができなければ、卒業するまでの4年間できない」という伝説があるからだ。〝一女〟とは大学1年生の女子のことだが、近年は男子にもこの迷信が当てはまると言われ、嘘かまことか、秋になると1年生の急造カップルが増えるといわれている。

一方で、歴史が重くのしかかるトリビアもある。日吉キャンパスの下には大きな地下壕が隠されているのだ。

1944年3月、海軍の軍令部第三部が日吉キャンパスの校舎を敵国情報を分析する施設として使うようになった。夏頃から、慶應の寄宿舎が連合艦隊司令部として使われるようになり、その下に地下壕が掘られた。地下壕はどんどん拡張されていき、1945年1月には艦政本部地下壕が設置された。1944年10月の台湾沖航空戦やレイテ沖海戦の作戦、1945年の戦艦大和の出撃命令、さらには特攻隊の出撃命令も、ここから発信されたのだった。

この地下壕の存在は慶應の教職員の間では早くから知られており、塾高の生徒たちが調査したこともあったが、危険防止の観点から、それほど深く入ることはできなかった。本格的に調査が始まったのは1985年から。非常に重要な施設であることがわかり、1989年には慶應の教職員と地域住民が中心になって「連合艦隊日吉台地下壕の保存をすすめる会」（現日吉台地下壕保存の会）が結成され、調査が進められている。

地下壕内はコンクリートの劣化が進み、危険だったため、一般公開されていなかったが、慶應が壕内の整備を手がけ、安全が確保されるようになった。現在は日吉台地下壕保存の会に申し込めば、第2・4水曜日に見学ができる。

## 実業界の社交場「交詢社」

慶應の拠点といえば、三田と日吉が真っ先に挙がるが、もうひとつ忘れてはならない場所がある。銀座である。それには2つの理由がある。同地には福澤諭吉の主唱によって創設された日本最古の社交クラブ「交詢社《こうじゅんしゃ》」があるのと、慶應出身の御曹司たちの会社や店がこの界隈に点在しているからだ。

慶應の教育の目的は、学者をつくるより、実社会で実技を磨いて先導者となるべき人材の育成にある。福澤は、社会に出た塾員たちがどう成長していくのか、大変興味を持っていた。学校を離れた塾員が勉強するための手段として、さまざまな人たちと交流する場を設けたらどうかという福澤の提案が、交詢社をつくるきっかけだった。名称の由来は「知識ヲ交換シ世務ヲ諮詢スル」から来ている。

交詢社が1880年に現在の銀座6丁目に発足すると、当初から1700名を超える会員が名を列ねた。これだけの人数になったのは、多くの人たちと交流することが目的なので、塾生以外にも広く加入を呼びかけたからだ。以降、実業界の社交場として発展していった。

交詢社の事業としてはもうひとつ、出版がある。1889年から隔年で発行されてきた『日本紳士録』は皇族も含め、各界で活躍する人物の情報を掲載。法人を中心にかなりの部数が売れ、隠れたベストセラーだった。しかし、個人情報の保護が叫ばれ、載せられる情報が大きく減り、2007年を最後に休刊している。

一番の名物は、その建物だろう。関東大震災で一時的に立ち退いたが、6年後に建て替えられた。その瀟洒なビルは銀座6丁目のシンボルとなり、前の道は「交詢社通り」と命名された。東京大空襲も乗り越え、昭和初期のレトロな雰囲気を醸し出す歴史的建造物として存在感を示していたが、老朽化には勝てず、2004年、建て替えられた。ガラス張りの近代的なビルに生まれ変わったが、正面玄関だけは旧館の一部がそのまま使われ、そこだけタイムスリップしたかのような悠久の時を感じさせる。

## 塾員たちの意識の変化

連合三田会のホームページで地域三田会に分類される中に「銀座慶應会」という団体名

を見つけることができる。会員は、銀座で会社や店舗を構える慶應出身の御曹司たちだ。

「慶應出身者が銀座で開業したというよりは、同地で生まれ育った御曹司たちが慶應に入学してきたというほうが正しい言い方かもしれません。銀座の経営者の人たちは、校風の上品さから、特に慶應を好んだようで、こぞって子息や令嬢を通わせたんです」（連合三田会役員）

銀座慶應会をつくったのは、セイコー創業家の服部禮次郎。第3章でレポートしたように、晩節を汚した感のある服部だが、三田会や銀座での存在感は圧倒的だった。連合三田会の会長を26年にもわたって務め、銀座のまさにど真ん中に位置するセイコーグループの小売部門「和光」でも長年、実質的なトップの座にあった。

「銀座慶應会は品格を保つために服部さんのお眼鏡に適った人しか入会できず、ある慶應出身の商店主から入れてくれないんだと不満をぶつけられたことがあります。俺には品格がないのかとぼやいていていました」（連合三田会役員）

服部が亡くなったあと、同会の代表を務めているのは1933年に銀座5丁目に創業したワシントン靴店の東條英樹会長。本店はいまだに同地にあるが、本社は三田キャンパスのすぐそばにあり、慶應とは馴染みの深い企業だ。

銀座と隣接する日比谷にも、慶應にかかわる施設がある。帝国ホテルの地下にある「東京三田倶楽部」だ。１９７４年に創設された会員制のサロンで、塾員の交流を目的としており、飲食もできる。11時半〜14時はランチタイム、17時以降はディナータイムとなっていてアルコール類も提供する。連合三田会には、地域三田会の組織として登録されている。

毎月1回、各界の著名人を招いて講演会やコンサートを開催。２０１６年は冒険家の三浦雄一郎や慶應の塾長・清家篤も講演した。ちなみに清家の講演テーマは「バランスのとれた雇用改革を」だった。ジャズミュージシャンやポップス歌手を呼ぶなど、全体的に若手の会員を意識したプログラムになっている。

入会資格は「65歳未満の塾員で同倶楽部の正会員2名の推薦がある者」。入会時に入会金10万円と預託金10万円（退会時に返還）がかかり、年会費は6万円となっている。「あまり利用することもなかったので退会しました」と言うのは世田谷区に住む元会員だ。「会員になったのは、塾員であることを改めて確認するという自己満足のためだった。でも、ほとんど使う機会がないのに会費だけ払うのは馬鹿らしい気がしてきたんです。以前は、年会費は4万7０００円だったのに、いつのまにか6万円に上げられていたので、その際にやめることにしました」

10年ほど前は会員数1200名を誇っていたが、現在は900名程度。そうしたサロン的なものに価値を見いだす塾員が減っているということだろう。

「これまで三田会の実務の中心を担ってきた団塊の世代が70歳前後になり、世代交代が起こりだしている。中心が若手に切り替わる過渡期にあり、感覚もずいぶん変わってきています」（連合三田会役員）

## 2 政界で凋落の兆しが見える三田会人脈

「慶應ボーイと呼べるのは幼稚舎だけ」

誰が言ったのだろうか。伝え聞いたことで確証はないのだが、どうも小泉純一郎（1967年経済学部卒）が洩らした言葉らしい。小泉が母校について語ること自体が珍しいので印象に残っているのだが、本人は幼稚舎出身ではない。これには2つの意味が込められていると推察される。まず、大学から入った自分は慶應ボーイではないということ。もうひとつは、中学や高校から慶應に入っていても、本当の慶應ボーイとは言えないということを、そうした人物に対して、ネガティブな意味を込めて主張したかったのではないか。

では、これは誰を想定した言葉なのだろうか。橋本龍太郎（1960年法学部卒）や小沢一郎（1967年経済学部卒）は大学からなので除外するとなると、塾高から慶應に入った石破茂《いしばしげる》（1979年法学部卒）のほかに考えにくい。「小泉さんはそれほど石破さんを買っていなかったと思う」と話すのは小泉が所属した清和会を担当していた政治部記者だ。

「第1次小泉内閣の時、そろそろと思われていた石破さんを閣僚に選んでいないんです。評価していないというか、あまり好きではないんだろうなと思いました」

第1次小泉内閣で慶應出身の大臣は総理大臣・小泉、財務大臣・塩川正十郎（1944年経済学部卒）、経済産業大臣・平沼赳夫《たけお》（1962年法学部卒）、規制改革担当大臣・石原伸晃《のぶてる》（1981年文学部卒）。18人中4人だった。

「首相になる前もですが、一匹狼的なところがあった小泉さんは慶應人脈を使ったことがほとんどなかった。というよりも、利用できる人脈がなかったと言うほうが正しい。それまでパイプをつくろうとしてこなかったので、肝心な時に心を許せる慶應出身のブレーンがいなかったんです。強いて言えば、一橋大出身で慶應の教授だった竹中平蔵さんが慶應人脈と言えなくもないですが……」

ところが、小泉は第1次改造の時に急遽、防衛庁長官に石破茂、そしてもうひとり慶應出身の大島理森《ただもり》（1970年法学部卒）を農林水産大臣に起用する。この結果、慶應出身者は18人中6人と、閣僚の3分の1を占めることになった。

「小泉さんは頂点に立って初めて、政財界での自身のあまりのパイプのなさに不安になってきた。慶應出身の閣僚を増やしただけでなく、自由民主党国会三田会などを通して、財界を中心に慶應人脈のリストアップをしてもらっていたんです」

一匹狼といえども、ここぞという時の頼みの綱はやはり母校だったわけだが、ひとつ気になるのは、自由民主党国会三田会である。ここのところ、その動向がさっぱり話題にのぼらないのだ。

連合三田会のホームページを見ると、自由民主党国会三田会は職種別三田会に分類され、会員数は28名となっている。10年前は47名だったので激減と言わざるをえない。会合もあまり開かれている感じではないのである。2015年7月に会が持たれたのは確認できたが、以降、開かれている形跡はない。

三田会内で自由民主党国会三田会が目立ったのは2010年頃までさかのぼらなければならない。慶應義塾創立150年記念事業の寄付金ランキングで、職種別三田会で自由民主党国会三田会がトップ、企業内三田会を含めたランキングでも、東急三田会、オール大成三田会に次いで第3位に入った。その頃から比べると、存在感がほとんどなくなっている。会員数の問題だけでなく、その活動がまったく伝わってこないのだ。

「所詮は親睦団体なので、議員ひとりひとりにとってはあまり力を入れても仕方がないところ。結局、選挙にいかに役に立つかがもっとも重要なんです。となると、自由民主党国会三田会よりも、地元の地域三田会や企業内三田会とのつきあいのほうが大切になってくる。実利がなければ、なかなか議員は動きません」（慶應出身の衆議院議員の元秘書）

## 慶應出身の世襲議員たち

政治家は実利がなければ動かないというのは昔も同じだったようで、福澤諭吉の政治嫌いはそうしたところにも起因している。だが、この福澤も一度だけ政治家になったことがある。1878年12月、東京府議会議員に選出されているのだ。しかし、自分の肌には合わないと思ったのか、14ヵ月後にはその職を辞している。

福澤の政治嫌いのせいかどうかはともかく、慶應出身の首相はきわめて少なく、中退の犬養毅《いぬかいつよし》も含め、3人しかいない。東大の15人や早稲田の7人と比べると、かなり見劣りがする。ともかく、ここではそのひとり、第82・83代首相・橋本龍太郎の父である橋本龍伍に注目してみたい。東大法学部出身だが、慶應とは深いかかわりがあるのだ。

大日本麦酒（サッポロビールとアサヒビールの前身）の重役の家に生まれた橋本は小学校5年の時、腿の付け根に結核菌が入り込み、腰椎カリエスにかかり、長期にわたって病床ですごす生活を余儀なくされる。17歳の時、関東大震災が起こり、鎌倉に転地療養すると、症状は大きく改善し、立って歩けるようになったが、生涯、杖を手放せない体になった。

20歳近くになっていたが、逗子《ずし》開成中学に編入し、第一高等学校（現東大教養学部）を目指した。ところが、当時、官立校には軍事教練があり、「身体障害者は教練を受けられない」という理由で、願書すら受けつけてもらえなかったのである。「足が不自由というだけで試験すら受けさせないのはおかしい」と憤慨していた橋本を受け入れてくれたのが慶應だった。

橋本は慶應に籍を置きながら、文部省に日参。一高の試験を受けさせてくれるように訴えた。その努力が実って、受験資格が改定され、自分で行動が可能な障害者には受験を認めるということになった。橋本は一高、東大法学部と進み、大蔵省入り。戦後は父方の祖父の故郷・岡山から衆議院議員選挙に出馬し当選。文部大臣や厚生大臣などを歴任した。

1962年11月、橋本は56歳の若さで亡くなるが、門戸を開けてくれた慶應に対してはずっと感謝していた。1956年、長男の橋本龍太郎が慶應に進学を決めた時はとても喜んだという。自身は結果的に腰掛け入学になり、恩をあだで返すとまではいわないまでも、負い目を感じていたに違いない橋本は息子の慶應入学で少し肩の荷を下ろした気分になったのだろう。なお、没後に次男の橋本大二郎（1970年経済学部卒、1972年法学部卒）、さらには孫で現在衆議院議員の橋本岳（1996年環境情報学部卒）も慶應出身だ。

このように、一族で慶應というのはけっこう多い。橋本家の場合はみんな大学からの入学なので、そこまで慶應に対するこだわりはなかったと思われる。橋本大二郎は東大を目指し、2度受験に失敗している。

政治家の家族では、石原慎太郎一家が有名だ。慎太郎は一橋大ながら、息子4人は全員、慶應で、一貫校からの持ち上がりだ。政治家になった長男・伸晃（1981年文学部卒）は普通部から。タレントの次男・良純《よしずみ》（1984年経済学部卒）、政治家の三男・宏高（1988年経済学部卒）、画家の延啓《のぶひろ》（1989年経済学部卒）の3人は幼稚舎からだ。

なぜ、これだけ慶應にこだわったのだろうか。叔父・石原裕次郎の存在が大きいのかもしれない。塾高を受験したが失敗し、慶應義塾農業高校（現志木高）に進み、途中で塾高に編入した。裕次郎はどうしても慶應に入りたかったようだが、大学に上がる頃から興味を失い、法学部に籍を置きながらも、ほとんど学校には顔を出さず、放蕩三昧の日々を送った。その間に映画デビューし、結局、慶應は中退してしまった。そうした意味では、こだわりは薄いようにも見えるのだが、スターになってからも、慎太郎の息子たちを通して、塾高の生徒たちとはよく会い、自慢の腕相撲を挑んでいたそうだ。要するに、裕次郎は慶應大学ではなく、塾高に憧れていたのだ。これまでも書いてきた通り、慶應は下にいくほど、〝らしさ〟が強まってくるのである。

慎太郎一家が裕次郎の心情の影響を受けていたのは間違いなさそうだが、もうひとつの背景として、慎太郎が石原家から首相を出したいと渇望していた点が挙げられる。息子たちの何人かが政界入りするとして、一番無難な大学はと考えた場合、慶應に行きつく。幼少の頃に進路を決めるとしたら、入れる保証がない東大よりは慶應を目指すのが自然の流れである。

石原家に限らず、二世・三世議員に慶應出身者が多いのは、早いうちから政界入りを期待され、一番落とし穴が少なそうな道を選んだ結果である。これまで登場していない慶應出身の主な世襲議員は中曽根弘文（1968年商学部卒）、甘利明（1972年法学部卒）、岸信夫（1981年経済学部卒）、松野頼久（1987年法学部卒）、河野太郎（経済学部中退、ジョージタウン大学卒）、福田達夫（1989年法学部卒）、後藤田正純（1993年商学部卒）など。ただ、最近は前出の自由民主党国会三田会もそうだったように、慶應出身の議員の勢いが前よりは鈍っている。

「安倍政権の長期化で、慶應同士の交流がかなり減っている。成蹊《せいけい》大出身の安倍晋三さんは学閥が大嫌いで、閣僚人事では出身大学はまったく考慮されないばかりか、同じ大学同士でつるんでいるように映ると、敢えてそこを分断しにきたりする。少なくとも、現政権下では同じ大学でグループをつくるのは得策ではないんです」（政治部記者）

政治の世界で慶應の力が弱まりつつあるのは、福澤諭吉の政治嫌いを考えれば、ただ単に本来の姿に戻っただけとも言える。そもそも、実業の世界で活躍する人材を育成するために、慶應義塾はスタートしている。にもかかわらず、政治家たちがそのブランド力を利用すべく、福澤の精神に反して、インベーダーのように入り込んできたにすぎない。

政界で凋落の兆しがある一方、経済界ではますますその存在感を増している慶應三田会。内部では世代交代も始まり、日本経済にもかかわる大きな変化が予想されるだけに、今後もその動向からは目が離せない。

田中 幾太郎（たなか いくたろう）

1958年東京都生まれ。「週刊現代」記者を経てフリージャーナリスト。慶應幼稚舎や三田会の記事を各種雑誌で執筆。他に医療問題や企業の経営問題など。著書に『東京ディズニーリゾート暗黒の軌跡』（リベラルタイム出版社）、『日本マクドナルドに見るサラリーマン社会の崩壊 本日より「時間外・退職金」なし』（光文社）、『残る歯科医　消える歯科医』（財界展望新社）『病院ランキングではわからない 実地調査版 本当に良い病院 悪い病院』（宝島社）ほか。

編集：上尾茶子
　　　小林大作

宝島社新書

# 慶應三田会の人脈と実力
（けいおうみたかいのじんみゃくとじつりょく）

2017年2月24日　第1刷発行

著　者　田中幾太郎
発行人　蓮見清一
発行所　株式会社　宝島社
〒102-8388 東京都千代田区一番町25番地
電話：営業　03(3234)4621
編集　03(3239)0646
http://tkj.jp
印刷・製本：中央精版印刷株式会社


ISBN 978-4-8002-6451-0